무심無心

리토피아포에지 · 160
강우식 손바닥시 시집
무심無心

인쇄 2024. 1. 20 발행 2024. 1. 25
지은이 강우식 펴낸이 정기옥
펴낸곳 리토피아
출판등록 2006. 6. 15. 제2006-12호
주소 21315 인천광역시 부평구 평천로55번길13, 903호
전화 032-883-5356 전송 032-891-5356
홈페이지 www.litopia21.com 전자우편 litopia@hanmail.net

ISBN-978-89-6412-201-3 03810

값 14,000원

강우식 손바닥시 시집

무심無心

지은이로부터 · 1

무심 속에 유심이 있어
코스모스도
가을하늘빛이다.

가늘고 약한 몸으로
하늘을 닮으며 사는
마음이 가상嘉尙타.

비록 여리게 보이는
꽃이지만
때를 기다린다는 것이
이렇게 크다.

내 시도 열심히, 열심히
코스모스를 닮았으면 한다.

마음껏 하늘하늘
춤추고 놀아라.

2024년 코스모스 같은 아내를 사랑한 시인
강老石 우식閒翁 識

지은이로부터 · 2

손바닥 시다.
작고 우습게 여겨도
무심할 뿐이다.

부처님의 손바닥 안에
세계가 있다 하지 않은가.

나는 일생 시의 유혹에 빠져
헤맸던 사람이다.

여자로 치면 보들레르가
일생 뿌리치지 못한
줄 것 다 주고 가질 것 다 벗겨간
잔느 뒤발 같다.

2024년 만추에 단풍잎 곱게 물든 날에
강文博 우식老翁 散人

차례

지은이로부터·1 04
지은이로부터·2 05

1부

가벼움 14
가시나무새·1 15
가시나무새·2 16
가을비 17
가자미·1 18
가자미·2 19
가자미·3 20
갈매기 21
감자 한 상자 22
개탄하는 선거판 23
거미줄 24
겨울새 25
고만고만하다 26
골목길 27
기사문리 28
길상사 29
껍질 30
꽃과 나 31
꽃다발 32
꽃 자랑 33
나뭇잎 34
낙엽 35
내외가 사는 법·1 36

내외가 사는 법·2 37
내외가 사는 법·3 38
내일 39
누구에게나 40
눈치싸움 41
느낌 42
늙은 수작 43
늙음 44
다리 45
달팽이 46
도둑년 47
독신인 체하며 48
돌다 49
돌대가리 50
드러내놓고 51
등대 52
라일락꽃 53
로봇기자회견 54
마무리 55
매미 56
매미소리 57
모과 58
모기 59
모른다는 것 60
모임 61
몸 62
무덤 63

2부

무말랭이 66
무제 67
물건 68
바다 앞에서 69
바다가 다 마셔도 70
받침대 71
밤 72
밤하늘 73
벚꽃이 진다 74
별 75
별꽃 76
복권 77
비 78
빗소리 79
빗질 80
뻐꾸기 81
사랑·1 82
사랑·2 83
사시 눈을 가진 여자 84
산 85
산길 86
산사태 87
살만큼 살다 88
새소리 89
서정주의 목탁 90

석양인생 91
선운사 동백꽃 92
설국 93
설벽雪壁 94
섬 95
속내 96
수평선 97
술잔 98
쓰레기와 같이 살며 99
시 100
시우詩友·1 101
시우詩友·2 102
아내 103
아내의 사랑 104
아쉬움 105
아주 작은 106
아침 108
악다구니 109
알 것 같다 110
약 111
어머니 112
얼마큼 더 살아야 113
여든 중반의 장미꽃 114
여백 115
영감 116
와불臥佛 잠 117

3부

외로움 120
용을 쓰다 121
우리 122
U17 아시아 컵 결승전 123
유전 124
이름 모르는 꽃 125
이상 무 127
일화逸話 128
임종 129
잔디 130
장미꽃 132
장수시대 133
절박한 사랑 134
절집 135
접이식 목제 바구니 136
제일 슬픈 날 137
종쳤네요 138
죄 139
죽어봐야 안다 140
죽은 아내 곁으로 141
죽음·1 142
죽음·2 143
죽음·3 144
지금이야말로 145
짐 146

집중 147
천재 148
초록순간 149
초승달 150
초원에서 151
충전 방전 152
층간소음 153
치매·1 154
치매·2 155
텃세 156
파도 157
파도가 뒤집힌다 158
편하다 159
폭포 160
풀잎 161
피난길 162
핑계무덤 163
해브 노 164
화장실에서 165
횡재수橫財數 166
효자손 167
힘 168

여적—노시인으로서의 몸가짐 169

지은이로부터·1—0의 경지 175
지은이로부터·2—죽음의 그림자 176

1부

가벼움

아내가 저 세상 사람이 되었다.
이승에서의 마지막 작별로
입관할 때 몸을 들어보았다.
평소에 안아보던 아내의 몸이 아니었다.
종잇장처럼 가벼웠다.
이승을 떠나려고 몸속뿐 아니라
몸 밖 인연들마저 다 버린 것 같았다.
다른 세상 다시 못 올 길을 가니까
가볍게 떠나긴 하여야겠지.
고승들아 신자들에게
무소유를 법인 양 내세우지 마라.
사람들은 죽을 때가 되면
누구나 다 가벼워진다.
팔십 늙은이인 나도 하루가 다르게
가벼워지는 죽음을 느낀다.
변기 물에 가라앉던 똥도 가볍게 뜬다.

가시나무새·1

가시나무새는 가시나무에
자주 앉아서 붙여진 이름이다.
일생 가시나무새를 본 적이 없다.
당연히 무슨 새인지도 모른다.
제 아무리 빈틈없이 가시가 박인
가시나무라 하더라도 빈자리는 있다.
신기하게도 새는 고 자리만 가시가 없는 줄
어찌 알고 경계도 없이 앉는다.
앉은 자리가 풍수지리가의
뺨을 칠 정도로 명당 중에 명당이다.
하필 새는 가시투성이인 나무에 왜 앉아 있을까.
가시나무는 스스로를 지키려고
가시로 무장했는데
그 가시가 생각 밖의 좋은 일을 할 줄은 몰랐다.
용케도 새는 천적으로부터 자기를 지켜주는
가장 위험한 데가 그중 안전한 데임을
누가 가르쳐주지 않아도
생리적으로 알고 찾아와 친구가 됐다.

가시나무새·2

가시나무새는 가시나무의 가시를 믿고
스스로를 아름답게 치장하고 산다.

가을비

비를 맞으며 가진 거 다 떨궈도
낙엽송들이 뼈가 마디면
겨울을 견디듯이
사람도 뼈마디가 버티는 마지막 힘이다.
무너지면 다 허물어지고 만다.
가을비에 젖고 추위에 꺾이면서도
삶을 견디는 나무인간.
견뎌라. 석 달 열흘은 금방 지난다.

가자미·1

참 '가' 씨라는 희성을 지닌
자미 있는 어족이다.
늘 수평적 사고가 넘치도록
사람으로 치면 배를 땅에 붙이고
바다너울을 따라 사는 것 같다.
수직적 사고인 다른 생선보다 여유가 있다.
생김새만 아니라 마음 씀씀이도
강원도 바다 아낙네처럼 손이 크고 넓적하다.
가자미 식혜를 담근 집에 들러서는
밥 한술이라도 넉넉히 얻어먹을 거 같다.
그래서 그런지 가자미눈을 뜨고 사는
아내와 평지풍파로 옥신각신 다툰 날에는
우리 내외는 밥상머리에 앉아
무채를 썰어 넣고 버무린
달콤새콤한 가자미 식혜를 먹으며
입가에 묻은 고춧가루를
내가 네가 서로 닦아주랴 하다가
시무룩했던 입도 배시시 열린다.

가자미·2

한 세상 속 좁게 부대끼며 아득바득
살 필요 뭐 있노.
넓디넓은 세상 평수에 맞게
편하게 살아야지.
바다를 닮은 광어다.
광어에 비해 잔챙이인
가자미도 그렇게 산다고 흉내 내지만
아무리 귀한 거라도 지천이면
똥값에 천대받는다.
내 고향 주문진에서는 사철
가자미를 흔하게 보지만
회로 먹을 때는 모두들 군말이 없다.
광어와 달리 뼈째로 회 뜬 가자미는
그것대로 씹는 맛이 별미이기 때문이다.

가자미·3

한 번 기를 펴고 살았으면 소원이 없겠다.
얼마나 하찮게 보였으면
별별 곳에서 압력이 들어와
납작 엎드리고 살 수밖에 없었나.
걸음걸이도 너덜너덜 너풀너풀하다.
곧고 힘차지 못하고 흐느적댄다.
그러고도 사시 눈 뜨고
일 년 열두 달 눈치를 봐야 사는 팔자다.
사람들은 내 처세가 다 가짜라고
'가' 씨 성을 달고 재미있다고 가자미라 부른다.
정말 다 가짜라면 얼마나 좋을까.

갈매기

갈매기는
해종일 무위도식無爲徒食처럼
그저 바다를 오가지 않는다.
바다가 생활의 일터다.
짠물만 먹고
살 수는 없지 않은가.
해만 뜨면 바다라는
넓고 큰 평야에 나가
물결이랑을 부지런히
갈고 매기도 하여
일용할 양식을 구하며 산다.
그래서 이름도
갈매기로 지었나 보다.

감자 한 상자

매년 서툰 농사일로 수확한 감자를
가까운 친구끼리 나눠 먹는다고
보내주는 고마운 친구가 있다.
뭐 주고 뺨맞는다는 이야기가 있듯이
기껏 택배비 들여 보내놓고
아무리 친구라 흉허물 없다지만
맨 자잘한 것들만 보냈다고
지나는 소리로 한마디를 했다.
정말 서툰 농사로 자잘한 거지만
정성껏 지은 것인데
뭐 주고 뺨맞은 꼴이 아닌가.
그러면 주고 싶은 마음이 있어도
못 부쳐준다 걱정마라.
감자 한 상자에 일생 우정이 다 박살났다.

개탄하는 선거판

정치를 하시겠다는 어른들이
맨 범죄 전과자 사기꾼
부동산 투기꾼들로 득시글대고
감방에서도 당을 만들어 출마를 하고
백성들은 그 무리에 가담하여 패당을 짓고
거기다 4년 내내 참았던
이때다 싶은 입에 담기도 부끄러운
별별 말들의 잔치.
투표권을 가진 우리 아이들이
너무 일찍 어른들의
세계에 초대한 것이 미안해진다.
썩고 썩어빠진 정치에 대해
땅을 치며 입이 열 개라도
탄식도 못하겠다.

거미줄

실낱보다 더 가늘면서 눈에 잘 띠지 않게
허공에 매단 정교한 기술은 어디서 터득했을까.
거미가 처마 밑이나 나뭇가지에 치는 줄은
레이더망 같다. 신출귀몰 공중 트라피스다.
그러면서도 나름의 격식에 맞는 틀이 있다.
사람도 거미줄을 본떠 레이더망을 만든 것 같지만
위험반경 안에 들어오길 기다리다 잡는
일거양득까지는 못 개발한 것 같다.
우리도 거미의 재주나 지혜를 본떴으면 한다.

겨울새

겨울새는 다른 새가 아니라
학수고대鶴首苦待하던 첫눈이 오기를
기다리는 새는 모두 다다.
얼마나 간절히 만나고 싶은
짝이 있었는지
나처럼 겨울하늘을 쳐다보며
하루 이틀 삼일…
숯검정이 된 가슴을 하얗게 적시며
눈이 되자 눈이 되자며
첫눈이 오기를 기다리는 일은
두 번 다시는 못하겠다며
차가운 하늘을 가르며
그래도, 그래도 님이 있는 것처럼
눈발 속을 숨 가쁘게
100미터 육상선수처럼 나는 철새다.

고만고만하다

옹기종기 모여 살아서
고만고만한 게 좋다고 말은 하지만
살아보면
그것이 얼마나 싫증나고 재미없는지 안다.
골고루 평등하다고
갈등이 없다고 고개를 끄덕여도
밤낮으로 갇혀 사는
강제수용소 땅보다 낫다 하나
나는 거기에서 뚫고 나가는 고속도로 같은
인물이 나왔으면 한다.
고만고만하게 열은 사과에서
어쩌다 변이로 대박 날 큰 것이 달리듯이
그런 사람이 나왔으면 한다.

골목길

골목길은 늘 오르막
가파른 숨이 가쁜 길인 줄 알고 살았다.
어릴 적부터 등대가 있는 언덕바지
골목에서 살았기 때문이다.
그래도 배들의 항로와
늘 바다를 가리키는 등대가 있었다.

기사문리

아주 작은 포구이지만 배포 한 번 크다.
가슴바닥에 넓디넓은 바다를 다 품었다.

길상사

요정정치라는 말이 나돌 정도로
어지러운 시국에
뭇 사내들에게 웃음을 팔던 기생에게도
심중 깊이에 사랑은 있었다.
못 잊도록 시인을 사랑하게 되고
시인은 그녀를 위해
“나와 나타샤와 흰 당나귀“라는
시를 지어 건넸다.
그 시 한 줄이 수천억 재산의 땅보다
더 소중하다고 여긴 여자는
가진 재물을 몽땅 다 길상사라는
절터가 되게 시주하였다.
한 여인의 러브스토리가
절의 내력이 되었으니
귀천이 없는 부처님 말씀 같은
사랑이 있는 한 이 사찰은
세세년년歲歲年年을 이름값을 하리라.
이 땅의 바탕기운이 이런 나라다.

껍질

일생 슬픔의 껍질만 핥아 왔다고 여겼는데
그 겉이 바로 슬픔을 통째 다 드러낸 것이었다.
나는 화가들의 표면밖에 없는 공간에
색칠해진 허위와 진실을 공유하고 감상한다.
껍데기에 속을 칠한다고 속이 보일까.
흉내뿐이다. 그것에 속은 체하며 사는 인생.

꽃과 나

꽃은 나 보라고 절대 피지 않는다.
꽃이 피어 유혹할 임자는 따로 있다.
그대가 늦게 온다고 핀 꽃은 지지 않는다.
내 마음의 기다림도 꽃처럼 그러하다.
일희일비에 흔들리지 않는다.

꽃은 그 생애에서 꽃으로 할 일이
무엇인지 알고 나비를 부른다.
꽃이 그러하듯이 나에게도
사랑하는 사람이 자연으로 온다면
바람 같은 한 세상 마음에 둘 것 없이
다툼 끝에 꽃다운 정 내며 살고 싶다.

꽃다발

야생의 뜰에서 어지럽게 핀
꽃을 꺾어 꽃다발을 만들어
그대는 사랑의 표시로
내 가슴에 안겼습니다.
꽃은 꽃이어서 참 예뻐서
받긴 받았습니다만
그 꽃다발 하나로 내 몸도 마음도
온통 자기 것인 양 하는
득의한 꼴이 싫어서 내색은 못하고
나는 그 꽃다발을
마음으로는 받을 수 없었습니다.
그 꺾인 꽃들의 모습이
낱낱이 너무 쉽게 꺾인
나처럼 보였기 때문입니다.

꽃 자랑

사람도 그러하지만
자랑하고 싶은 것이 있으면
마음껏 내보이고 싶지 않은가.
꽃도 피어서 뽐내고 싶으면
어디든 가릴 것 없이
세상 천지에 다 드러내
화냥년 같이 화냥년 같이 웃으며
부끄러움 없이
벌 나비를 가리지 않고 받아들인다.
이것이 사람과 다른 점이다.
우리에게는 낯가림이 있다.

나뭇잎

나무에게는 때에 따라
귀이기도 하고
입 같은 잎이 있어
팔랑팔랑 노래도 부르고
기다리며 사는 이야기도
연인과의 은밀한 속삭임도
가슴 아픈 이별도
하소연도 들을 수 있었는데
가을이 되어
잎을 다 떨구고 나니
노래와 춤이 끝난
BTS의 공연장 같이 쓸쓸하다.
나무보다 내가 더 어디에도
내 속내를 달랠 길 없어
적수공권으로 외롭고 춥다.

낙엽

목숨이 숨진 것이라기엔
너무 째고 째버린 널브러진 모습이다.
누가 누군지 이름 없이 죽어간 병사들이다.
그들 중에는 고향에 두고 온 각시 생각나는지
바람이 불 때마다 바스락 바스락
신혼의 이불자락 들치는 소리가 난다.
산산이 흩어지고 뿔뿔이 떨어지면
쓸어 모아 원도 한도 없으라고
다비식 치러 재로 남으리.
각시야, 각시야 신혼의 초야처럼
너를 사랑하는 불길의 내 마음을 좀 봐라.
불덩이 같은 낙엽이 떨어진다.

내외가 사는 법·1

외출은 참교육이다.
앉아서는 프랑스를 볼 수 없다.
하나를 가르치면
열을 안다는 것은 다 거짓이다.
밖에는 뉴스가 지천이고
어느 뉴스로 믿고 가야 하는지
침을 뱉어 점을 쳐서는
그 방향이 다 요행이 된다.
참 허당 같은 세상사다.
일생 동반자인 마누라의
손도 외출해서 잡았다.

내외가 사는 법·2

마음이 자석인 양 끌어당겨 앉혔다.
속을 파헤쳐보아야 맨날 뻔한 속인데도
무슨 보물이 있는 것처럼 파헤치며
마누라를 들들 달달 볶으며 산다.
뉴스를 좇다보면 자연히
도적놈 심보가 된다.
없는 놈일수록 개처럼
길바닥을 어슬렁거린다.
뭐니 뭐니 해도 집이 제일이지
가진 게 넉넉하면 집에서 쉬고 싶어진다.
우리 내외의 사는 꼴이
흥미진진한 무슨 연속극 같다.

내외가 사는 법·3

동으로 가자면 서로 가고
서로 가자면 동으로 가는 서로 엇가기만 하는
어디로 튈지 모르는 개구리부부였다.
그러다 자식이 생겼다.
아들딸들이 자라면서 탯줄 같은 끈이 됐다.
아들을 봐서라도 밖으로 나서려면
줄을 당겨 끌어 앉히고
눈에 넣어도 안 아플 딸 때문에
참고 살다보니 엇가기만 하던 사이가
나도 모르게 서로가 일심동체가 됐다.
산다는 게 그저 신기한
청개구리가 비가 온다고 울어도
울거나 말거나 하나님께 감사한 부부가 됐다.

내일

오늘 무너져도 살아 있으니까
내일이 있다고 스스로 믿는다.
이것은 마치 고스톱을 쳐서 판판 털리고
기약 없는 내일을 기다리는 것과 같다.
스스로에게 다짐하는 위로다.
판을 걸 수 있는 시공간이 내일이다.
만일 내일이 없으면
해 뜨는 것도 볼 수 없고 세상은
나로부터 캄캄 문을 내릴 것이다.
그런데 말이다
오늘이 내일이고 내일이 오늘이다.

누구에게나

잔잔한 바다처럼
내색을 안 할 뿐 한때 누구에게나
아무렇지도 않은
평온한 인생은 없었으리.
별 탈 없이 평범한
인생을 살아온 사람에게도
사는 세월 중 마음이 흠뻑 젖는
비바람도 겪었을 것이고
세찬 눈보라의 물결도 맞았으리.

눈치 싸움

첫눈이 내리는 날이다. 송이 송이마다 애틋한 사연을 싣고 내린다. 내년에도 저 눈을 볼 수 있으려나 생각을 하며 친구들 모임에 나갔다. 일생을 같이한 친구가 저 세상으로 떠났기 때문이다. 모여 서로들 얼굴을 둘러보며 자기 일인 양 걱정을 하고 애도를 했다. 그 눈빛 속에 서로가 누가 더 이 세상에 오래 살다 가나 다음에는 누구 차례인가 나름으로는 은근히 눈치 싸움을 하는 것 같았다. 남고 떠난다는 것의 의미를 새기며 서로가 말은 꺼낼 수는 없어도 거기에 나도 꼭 끼어 있었다.

느낌

막연하지만 어디서 온지도 모르지만
느낌이라는 것이 맨 처음 싹이 터서
사랑으로 나에게 왔다.
사랑은 상상으로는 불가능한 느낌이다.
마음으로든 무엇이든지 느낌이 있으니까
사랑도 때가 되면 꽃피게 할 수 있다.

늙은 수작

아침밥 한 술 뜨다가
혼자 소리로
앞으로 살 날 며칠이나 될까
중얼거리니
못들은 아내
뭐라 하셨수
죽을 날 언제냐고
다시 말하니까
그날 따지지 말고
나날이 무얼 하고 살까
궁리 하세요 하길래
내 남은 인생
당신 궁둥이나 토닥이다
죽으면 좋겠지 라고
대꾸했다.
어느새 부지불식간에
천연스럽게
늙은이 수작하는 나를 본다.

늙음

별 쓰 잘 데 없는
주어 담기도 힘든 너저분한 얘기를
엿가락처럼 길게 늘어놓고
걸었던 전화를 끊었다.
하품이 나도 들어주는 친구가 고맙고
나는 주책 같은 영감인 내가 미웠다.
괜히 부끄럽고 후회가 잇따랐다.
다음날도 같은 행동을 했다.
다시는 이러지 말아야지 알면서도
멍청히 곧 전화를 해댔다.
홀로 외롭게 늙는다는 것이 이렇다.

다리

걷는 다리에도 호불호가 있어
똥볼 차는 개다리가 있는가 하면
모양만 본뜬 개다리소반도 있다.
나는 개인 편향적일는지 모르지만
아내의 늘씬한 다리와
허벅지에 한없는 성욕이 일어
일생 같이 산 사내다.
그래서인지 아내가 날 사랑하는 방식도
다리로 조정한다고 믿는다..
베개 밑 송사라 입에 담지 않지만
여자의 다리는 참으로 감정을 조절하는
지렛대 같아서 감고 푸는 것을
영물답게 그리 잘할 수가 없다.
사내들이여 여자에게 다리가 없다면
그 허전함을 어이 견디랴

달팽이

달이 팽이처럼 도는 꼴과 흡사하다.
모든 것이 신의 창조물이고 장난감이라지만
이것은 축소된 코미디고 희화다.
고성능 안테나 탐지기로
나름 세상 이치를 다 가늠한다.
달팽이처럼 길고 높이
세상을 보는 눈을 누가 가졌는가.
시인 랭보도 그 곁에서 견자見者를 터득했다.
와우각상蝸牛角上이라 비웃지 말라
산책길의 아침 햇살도 수신된다.
나는 내가 달이고 지구고 세계다.
일사천리로 모든 정보에 거칠 것 없다.
비오는 날에도 인디아나 존스 같이 때늦은
보물을 찾아 모험을 나서는 달팽이.
그 행적에는 달덩이 같은 꿈을 늘 지고 있어
나도 모르게 따라 나서 본다.

도둑년

대추나무 그늘 밑에서는
갓끈도 고쳐 매지 말라 했다.
그년이나 이년이나
다 마찬가지다. 다 도둑년이다.
잘 사나 못 사나 마약에 취한 듯
명품에 죽고 못사는 계집들
그년들 때문에
우리들 마음의 토담이
송두리째 허물어지고 말았다.
허물어지거나 말거나
눈 하나 꿈적 안하니
권세가權勢家 먹통 배짱 도둑년들이다.

독신인 체하며

늙어서 능력도 없으면서
여자가 있는 체 하는 것은
있어서 어쩔 건데다.
드러내놓고 여자가 있다고 할
처지도 아니고
아내가 있을 때부터
아내 몰래 사귄 여자가 있으면서도
독신인 체하며 사는 게 더 좋다.
혼자인 체 하니까
여자들이 안심하고 더 따르는 것은
당연지사이고
어쩌다 집에 데려와도 구질구질 않고
늙은이 냄새도 안 나고
집안도 깨끗하고
홀아비가 이렇게 산다고 하니
(다 돈 들여서 한 일이지만)
다른 것은 잘 몰라도
독신인 체하며 감추고 사는 것이
얼마나 폼나고 좋으냐.

돌다

치면 칠수록 잘 돌아가는
팽이처럼
게으른 나를 다그쳐 살면서
도는 것도 모르고 살아왔다.
지구가 도는 데 돌면서
어지럽지 않으니까
한숨 놓는 것처럼
사랑에 미쳐 여자를 따라다니고
어차피 돌아서 미친 세상
춤추듯 돌아가며
도는 줄도 모르게 돌아가며
미친 듯이 살아왔다.

돌대가리

내 친구 시인 박제천이가
문하생들에게 던진
한마디 돌대가리가 입소문 타고 구르고 굴러
그가 경영하는 시창작교실을
대한민국에서 제일 유명하게 만들었다.
낫 놓고 기역 자도 모르니까
써온 시가 똥인지 된장인지 구분이 안 되어서
그리 불렀겠지만 나는 시의 문하생들에게
차마 그리 부를 수가 없어서
'제천아 제천아'라고 하고 만다.
정말이지 아와 어가 다르듯이
돌대가리라는 욕이 이리
유명세를 탈 줄은 몰랐다.
제천이가 살아있으면
나 보고도 지나는 소리로 돌대가리라 하였겠지.
무슨 고승이 던진 화두 같은
돌대가리라는 박제천표 돌대가리가 그립다.

드러내놓고

운동권이라고 서로 감싸며
이력서에도 운동권이라고 당당히 기입하고
드러내놓고 돈 되는 일에 빨대를 꽂던
윗대가리들이다.
그러니 아랫것들이야 오죽하겠는가.
찌꺼기라도 핥으려고 두 눈이 충혈 돼
아귀다툼하는 세상이다.
참으로 무서운 일상이다.
얼마 전 나에게 추석 명절 앞두고
국제전화가 왔는데
하도 전화사기가 극성이어서
겁나서 받지 않았다.
그 전화가 다시 안 오는 것을 보니
사기 전화임에 분명하다.
전화 한 통화도 받을 수 없는
세태가 되다니 기가 막힌다.
옛날은 낡아서 기억 속에 잊혀야 하는데
옛날이 오히려 자꾸 좋았다는 생각이 드는
요즈막이고 그리운 하루다.

등대

내가 본 세상의 등대는
하나같이 높은 데 자리하고 흰색이었다.
등대는 왜 흰 색일까.
캄캄 어둠 속 절망의 파도에 갇혀 허우적대지 말고
깨끗하고 밝은 웃음빛으로 살아가라고 그렇게 칠했을까.

라일락꽃

아파트 초입에서 들명날명 본
곧 죽을 것만 같던 기색의
라일락이 놀랍게 절명처럼 꽃 피었다.
나는 저 꽃이 태어난 목숨이니
좋으나 싫으나
그래도 한 번은 죽기 전에
꽃도 피어봐야 되지 않겠느냐며
작심하고 절명의 순간에 피운
클라이맥스 꽃처럼 뵌다.
게다가 있을 건 다 갖추고 싶다는 듯이
은은히 향기도 풍긴다.
나도 늙은이라고 방구석에
다 살았다고
축 처져 박혀 있지 말고
저 라일락꽃처럼 절명의 순간에도
절정으로 치닫는 유니크한 생이고 싶다.

로봇기자회견

인간의 일을 대신하라고
열심히 연구해 만든 AI로봇이
기자회견을 했다. 골자骨子는
"인간의 일자리는 빼앗지 않는다"였다.
나는 두렵다.
좀 다른 모양새로 고안하든지 하지
인간과 너무 닮은 모양이어서이다.
그런 로봇을 만든 인간이
종국에 갈 길은 어디일까 걱정된다.
더 이상 지능이 개발되지 않은
로봇을 만들겠다고
법으로 강력히 규제한다면
사람들은 그 규정을 지킬까.
옛날부터 사람은 악하다고 했다.
선한 것보다
나쁜 면이 더 두드러질까 우려된다.
사람이 만들어서 좋다고 춤을 추고
만들어서 땅을 치며 후회하는….

마무리

산 인생만큼이나 끝마무리도 중요하다.
다니던 직장을 물러나고부터
매사에 훌훌 가볍게 털며 살자고 다짐했다.
그것이 벌써 스무 해를 넘기고 있다.
돌아보면 하나도 못 버렸다는 얘기다.
때 묻혀 살던 것처럼 버리는 거
어렵고 망설여지는 게 없더라.
알게 모르게 든 정 때문이더라,
왜 그리 버리는 것보다 더 많이 쌓이는 일상인지.
일생 도 닦고 살았다는 자승 스님도
뭐 그리 남길 말 많았는지 비밀처럼
여기저기 유서를 숨겨놓고 갔다고 한다.
나 같은 세속인이야 더 말해 무엇 하리오.
마누라를 얻어 동고동락하며
애를 낳듯이 자꾸 배고 낳기만 하는
혼자가 아닌 다음에야 버리는 거 참 어렵다.
이것이 평범한 내가 살며 깨우친 법어法語다.
이 바보야 버리는 것 어려우니까
버리라 하지 쉬우면 버리라 하겠나.

매미

살다간 모든 것들을 깨끗이 털고
가벼이 껍질 하나를 남기려 했는데
그마저도 마음먹은 대로 되지 않는구나.
울음이 노래인지 노래가 울음인지
날개를 떨어 부채질하며 여름 한철을 지냈다.
봄가을 겨울의 문턱을 못 넘고
그리 살아온 것도 허물이어서
무슨 죄가 그리 있는지
벗으려 해도 벗을 수 없어
죽어서야 이제 겨우 껍질을 벗는구나.

매미소리

창을 열자 매미소리가 한여름을 꽉 채우고
쏟아지듯 파도처럼 밀려온다.
벼 낟가리 삼단 같이 쌓듯 울음소리 한 번 풍년이다.
한방의韓方醫에 침 맞듯이 온몸을 찌르르 찌른다.
매미소리 하나에 멀쩡하던 내 온몸이
이렇게 천지사방으로 아픈 것도 모르고
너무 태만하게 살았구나.
건강 챙기라는 신호 같다.
곧 여름 가을이 가고 겨울이 올 것이다.

모과

내 원래 모과처럼 못 생겼지만
살면서 크게 구박 받고 일생을 살지 않았다.
내 소원이 있다면 비록 까맣게 썩을 살이나마
죽어서도 향기를 뿜는 모과가 되고 싶다.

모기

밤이 깊어 잠자리에 들려하니
내 살에서 피 냄새가 나는지
특유의 경보음을 내면서
모기 한 마리가 덤벼 들어 부지불식간에
내가 내 뺨을 때리며 내쫒았다.
잠시 후 귀신처럼
거기 그 자리는 어떻게 아는지
목숨을 걸고 덤비기에
아닌 밤중에 홍두깨처럼
또 내가 내 뺨을 내리 갈겼다.
모기에게도 사는 게 죽기 살기다.
막무가네 식으로 죽이라는 듯이
몸을 내던지는 싸움판이라든지
먹다 죽은 놈은 때깔도 곱다는 식이나
한 번 박으면 다 빨아먹을 때까지
죽어도 좋아 스타일로 빼지 않는 것도
아마 모기에게서 배운 것 같다.

모른다는 것

흔한 말로 사람 사는 거 먹고 자고
싸고 누는 것만이 다가 아니다.
사람은 늙어 죽는 순간까지 배우고
깨달아야 한다는 말이 있듯이
알게 모르게 자연으로 살아가는 거 같지만
그 속에서 모르는 일들을 배우고
터득하고 적응해 가며 사는 것이다.
있을 수도 없는 일이지만
다 알고 사는 사람은
이 세상 어디에도 없다.
모르는 게 너무 많으니까
그것을 아는 재미로 사람은 사는 거다.
모르는 게 흉이 아니다.
배워서 알게 하여 내 것이 되는 재미다.

모임

모이면 누구와 별 같이
사랑하는 이야기로
꿈꾸던 시절이 엊그제인데
40여년을 이어오니까
모이면 어디 어디가 아프다는
병으로 무너져 가는
한숨 섞인 타령뿐이다.
새타령 같은
울음 우는 병 타령이 되었다.
모임도 어느새 늙었다.
밤하늘의 별 모임을 보면
죽었는데 산 것처럼 빛을 발한다.
나도 그리
죽어 살 수는 없을까.

몸

몸이 봄이다.
파릇하게 움트는
새싹보다 몸이 먼저 안다.
보슬비에 목련꽃 웃듯
늙은 몸도
초록 기분에 들뜬다.
구닥다리 영감에게
첫사랑 소녀는
왜 이리 안 잊혀지는지
해마다 봄이 오면 도지는
햇살처럼 설레며 앓는
돌림병이다.
내년 봄도 있을 텐데
그 봄을 못 보면 어떡하나
지레 걱정이 앞서기도 하는
몸이요 봄이다.

무덤

죽어서 황남대총 같은
큰 무덤에 묻히면 뭐 하겠는가.
세월 속에 누구의 무덤인 줄도 모르게 잊히는 것을…
사랑하는 아내를 바다에 수장했다.
나도 아내를 따라 고대로 할 것이다.
무덤도 없는 놈이라고 손가락질해도 상관없다.
바다가 우리 부부의 무덤이니깐.
굳이 흔적이 있는 무덤을 찾으려면
아내를 사랑한 얘기가 담긴
내 살아온 기록이 있는 시집이 무덤일 것이다.

2부

무말랭이

휴전이 된지 얼마 안 된 50년대 말 무렵이었다.
빈한한 저녁 밥상에 무말랭이 무침이 나왔다.
어머니는 고기처럼 질기니 꼭꼭 씹어 먹으라 하셨다.
우리 살림에 어디 가서 고기냄새라도 맡아본다는 건가.
쇠고기를 한 번이라도 먹다 언치어서 죽으면 원이 없겠다
속으로 생각하며 못들은 체 무말랭이를 마구 삼켰다.

무제

재래시장에 가보면
실파 한 단을 들고 서서
좀 단이 큰 것을 고르려 하고
오이 하나를 들고 시들지 않은지
요리조리 세심히 살피고 사는
아주머니들을 만난다.
이것 다 남편과 식솔들을
얼마나 사랑하고 아끼는지
그냥 허투루 봐서도 아니 되는
그 마음의 자연의 표현이다.

가족들 중 어떡해서든지
악착같이 살려는 사람이 있으면
어느 누구도 다 힘들겠지만
그들을 생각해서라도
쉽게 목숨을 버리면 안 된다.

물건

한 여류시인의 시집에 몇 줄 써주니까
좋다는 뜻으로 !만 보내 왔다.
그 감탄사가 오늘은 유난히 축 처진
내 물건처럼 보인다.
마누라가 그걸 보더니만
다른 여자가 내 물건을 어떻게 아느냐고
눈꼬리가 올라간다.
내 능력이 별 쓸데없는 것을
손바닥 보듯 다 알고
그러려니 살면서 괜한 트집이다.
! 남정네라고 달고 다니느냐는 듯이
매일 혀를 차면서 어쩌란 말이냐.
걱정도 팔자는 팔자지. 허 허 웃어본다.

바다 앞에서

한없이 밀려드는 푸르른 물빛 때문인가
늙었어도 젊게 살고 싶다.
나이 먹어서야
이제 겨우 세상 돌아가는 이치도 보이고
저 휘몰아치는 파도처럼
힘이 솟아 세상을 한 번 뒤엎고 싶다는 생각을
천 번 만 번 하면서도
끝내는 파도처럼 허허 웃으며 밀려난다.
허무하다.
더러운 세상이라고 입버릇처럼 내뱉지만
중과부적은 어쩔 수 없다.
바다만큼 세상을 갖고 싶었던
내 스무 살 젊음의 꿈은 다 어디 갔는가.

바다가 다 마셔도

혼자서 바다를 보며
소주를 마셔본 적이 있느냐.
바다가 다 마셔도 취하지 않을 술을
병째로 마셔 본 적이 있느냐.
어리석도다.
여자 때문에 물이 되어
어디론가 사라지고 싶다고
눈물의 강도 못 건너는
주제면서 마셔 본 적이 있다.
술을 마시니까 괴로움이 잊혀지더냐.
더 괴로워지더냐.
그래도 그 나이 때에는 멋처럼
괴로운 시늉이라도 하고 싶었다.
아름다워라 내 푸르른 스무 살.

받침대

바탕은 잠잠한 바다와 같다.
어느 한쪽으로 기울거나 편 들지 않는다.
늘 수평을 유지하고 접시며 냄비며
올린 온갖 그릇을 다 담는다.
최소한 이웃을 배려하여 피해를 안주려는
마음씨 하나만은 상 줄 만하다.
무모하게 뜨거운 남자의 욕망이 식도록
소리 없이 달래고 기다릴 줄도 안다.
그러나 하도 밑바닥으로 기길래
살면서 누구의 받침이 되거나
스스로 밑이 되고자 하는
봉사정신을 배우고자 한 적이 꿈에도 없었다.
슬하의 자식들에게 기꺼이 사랑으로
밑이 되고자 하는 부모가 되고나서야
내 인생의 많은 부분이 받침임을 알았다.

밤

역사는 밤에 이루어진다.
빛이 차단된 밀실,
밀담 할 어두운 곳은 많다.
온갖 음모와 모략이 난무하는 정사政事도
왜 바람에 견주어 얘기했는지 모르지만
들뜬 봄바람에 마음을 내맡긴 정사情事도
밤은 어둡다고 입을 닫는다.
낫 놓고 기역자라 해도
가타부타 먹통이다.
낮말은 새가 듣고
밤 말은 쥐가 듣는다 해도
물처럼 줄줄 샌다고 해도
그조차 그나마 믿어진다고 믿으니까
모두들 밤 핑계를 댄다.

밤하늘

뜬눈으로 꼬박 밤을 밝힐 때는
고흐의 그림 속 밤하늘로 가고 싶다.
옛날에는 내가 자란 옛날에는
나의 하늘에도 대추알 달리듯 별이 많았는데
내가 그리워해야 할 별들은 몽땅 하늘나라로 가고
별은 숱해도 그 별들은 볼 수 없는
눈물별이 되어 이제와 더 그립다.
별들이 그리운 사람은 나 혼자 남았다.

벚꽃이 진다

그 많던 꽃잎 같은 재산 다 날리고
이 봄날에 하루아침에 벚꽃이 진다.

폴싹 망한 게 오히려 잘 되었다 싶게
허허 무더기로 강남스타일처럼 춤추며
무슨 유행이나 돌림병처럼 진다.

아 봄날 봄바람을 안 타는
꽃길인생은 없는 것인가.
피었으면 지는 것이 우리들 인생이라 해도
이유야 어떻든 떨어지는 것 서러워라.

무심 유심으로 하얗게 고향산천이 변하게
하르르 하르르 하염없이 벚꽃이 진다.

그때 그 봄날을 사진으로 찍자.
꽃비에 젖으며 떨어지는 그 삶도
흔들리는 것의 하나라고 추억으로 남기자.

별

아무리 빛나는 손에 넣고 싶은
어릴 때부터의 꿈이더라도
너무 멀리 있어서
가질 수 없음을 알고부터는
헛된 바람은 접기로 했다.

별꽃

살면서 제일 궁금한 것은
캄캄 밤하늘로 떠난 아내의 하루하루였다.
어떻게 사는지 전혀 알 수 없었다.
모른다, 모르는 것도 인연이라며
죽은 아내의 눈웃음 같은 별꽃이 피었다.
오늘밤은 별 등쌀 때문에 잠은 다 잤다.
아내를 고향 앞바다에 수장했는데
왜 자꾸 하늘나라에 안부를 물을까?
좋은 일인지 나쁜 일인지도
모르는 채로 별꽃을 헤며 내 여생을 지운다.

복권

엄두도 못 낼 눈밭에서
곡마단의 소녀처럼 서커스 하듯
꽃이 솟았다.
속이 꽃처럼 피는
저 묘기는 어디서 오는 걸까
생각하다 아니지 아니야
살고자 하는 생의 집착이
꽃의 정답이다.
님도 보고 꽃도 따듯 마음이 부자다.
마음이 부자니
복권을 맞은 듯하다….

비

비가 와도 약속을 지켜
바깥출입을 하는 사람과
비가 내리면 외출을 삼가는 사람이 있다.
한 사람은 비에 젖고 싶은
감정이 물씬한 분이고
다른 분은 마른 땅만
골라 딛고 살고 픈 인사다.
질퍽거리는 것이 질색이어서
연애도 잘 못한다.
눈물이 없는 연애가 무슨 연애랴.
갈등이 비처럼 내리는 것이 연애다.
홍수가 일어 큰물이 지더라도
알면서도 빠져 죽고 싶은 것이
비 같은 연애다.
반면 비가 안 오는 세상에서는
연애도 마른 명태처럼 건조하거나
화끈하게 불에 타
죽는 것으로 한다더라.

빗소리

참 신기해라. 아무리 물 폭탄으로 쏟아 붓고
물동이 째로 들이 붓는다 해도
봄비는 가는 국수발 여름의 소나기는 굵은 우동발
하늘에는 어마무시 한 큰 국수틀을 가진 국수장사가 있나보다.
어떻게 국수발처럼 고르게 뽑아 우리에게 오는지?

빗질

싸리 비 하나로 티 한 점 없이
빗질한 절집 마당에
세상에서 제일 깨끗한 고요가 앉는다.
마음속 낀 냄새나는 오욕五慾을 씻어내고
목욕탕에서 갓 나온 개운한 몸 같은 절집 뜰이다.
세상사 온갖 들끓는 번뇌를 떠나 수도 정진한
스님들도 종내는 저 뜰만큼
고요해지는 청정심을 찾을 수 있을까.
절집 마당은 알게 모르게 날마다 어지럽혀지고
그러면 또 빗질해야 되고
믿고 배운다는 것이 끝이 없을 뿐이다.
쓸어내면서도 왜 쓰는지 모르는 비 끝에
낙엽처럼 떨어지는 세파世波가 있다.

뻐꾸기

언제 왔는지 산마루에서 구름을 물고와
내 창가에 뻐꾹 뻐꾹 꿈을 뱉어놓는다.

아니다, 가진 거 다 내놓고
사랑에 배고프다고 뻐꾹 뻐꾹 실토를 한다.

한가한 휘파람이 아닌
온몸을 꾹꾹 담은 울음이다.

대낮인데도 팔자를 아는지
해가 기우는 낌새로 뻐꾹거린다.

사랑·1

너무 목매이도록 연연하지 마라.
좋은 것이라고 다 오래가지는 않는다.
수시로 변하기 쉬우니 때에 따라 적응하면 된다.
이런 것들은 먹고 먹히기 위한 치장일 뿐이다.
먹어도 기분 좋고 먹히어도 더 잘 들어간다.
맛있다고 먹고 다른 사람이 손 댈까 봐
급하게 삼키고 먹어 보다 너무 시거나 떫다고
찡그리고 맛없다고 뱉고
우리가 삼시 세끼 씹고 오물거리는
음식이나 사는 거와 뭐가 다른가.
하지만 없는 거보다 있는 것이 더 낫듯이
식사 중에 음악이 흐르면 더 편안하듯이
무엇이든지 사랑으로 포장하고 사는 게
더 행복함을 명심하라.
대개 내용물이 괜찮으면 투자하게 마련이고
기대를 건만큼 자연히 포장에서 드러난다.
사랑이란 누구나 만물박사인 체 앞장서지만
믿다가 당하는 다 알다가도 모르는 요물단지다.

사랑·2

누구나 가지고 태어나는 것이다.
그 사랑이 있는지 없는지도 홀로 살다가
사랑이 싹틀 때를 기다려 초록 잎 물들면
모두들 가정을 이루고 살아간다.
나도 그렇게 살았지만
가진 사랑을 남김없이 아낌없이
얼마큼 풀어놓고
다른 세상으로 가는지 모르겠다.
그래서 사랑은 운명 같은 것이다.
그래서 사랑은 신비롭다.

사시 눈을 가진 여자

가자미처럼 사시 눈을 가진
여자를 만나 살고 싶다.
너무 세상을 곧이곧대로 보지 말고
가끔은 괜찮은 사내가 어디 없나
이웃이나 옆도 두리번거리면서
움직일 때마다
파도를 닮아 온몸을 굴신하는
노랑가자미 줄 패션의 여자를 만나
사시 눈이 예뻐질 때까지
나만 보라며 살고 싶다.

산

가파르게 높거나 깊지 않아도
동네 산이더라도
산을 자주 타본 사람들은 말한다.
어떤 산이나 제 자리에 멍히 서 있는 거 같지만
온순한 것 같으면서도
난폭한 야생마라는 것을…
이것 다 사람이 저지른 실수로
늘 설마하고 우습게 오르다가
말 없는 산에서 낙마하고 사달이 난다.

산길

난 길이 인적도 없이 좁고
왜 이리 가파르고 머냐고
산새도 잊을 만하면 뜸뜸이 우는데
가다가 심심하면 자연으로
길가의 돌도 차고 풀꽃도 꺾어보고
산 넘어 눈이 고운 순이 생각하며
멀지만 가까운 듯 걸어가는 길.

산사태

가진 것이 너무 많아서
몸체를 거기에 맞추며
아슬아슬하게 살았는데
때로 하늘에서 느닷없이 벌주면
무너지는 절망밖에 없다.
한 발짝도 제 마음대로
피하거나 걷지 못한다.

살만큼 살다

억울하거나 안타까워하지 마라.
무릇 생명 있는 것들은
돌연사든 급사든 자연사든 그 또한
나름으로는 다 살만큼 살다 가는 것이다.

새소리

오늘 이 순간밖에 없는지
누가 보는 것도 아닌데
남이 빼앗는 것도 아닌데
뭐가 그리 급한지
무엇을 하는지
쪽 쪽 쪽 소리만 난다.

나도 그녀와 저 소리로
입맞춤한 적이 있다.

서정주의 목탁

만년에 미당의 사당동 집에서는
목탁이 환속을 하여 주로 손님이 오면
술상 내오라는 소리꾼 역을 하였다.
그런데 그 목탁소리가
내 귀에는 제대로 들리지 않았다.
어딘가 딱따구리가 나무를 쪼듯
딱 딱이는 소리처럼 영 건조했다.
하지만 미당은 목탁을 그렇게 부리는 것이
즐거운 듯 전혀 개의치 않았다.
목탁을 때리는 것이 하늘의 달을 따
수박처럼 잘 익었는지 살피는 것 같고
때로는 달 항아리처럼 부푼 임산부의 배를
탁 탁 쳐보는 의사와도 닮았었다.
미당에게는 이 세상이 다 목탁소리로
절 한 채를 짓는 거 같았다.
목탁 소리로 술상을 내오라 하니
무불통지로 안 될 일 없어서
이 땅에서 시도 으뜸이었나 보다….

석양인생

너무 눈물 나도록 감사하게 오래 살았다.
일생을 불타듯 뜨겁게 살다
서역 하늘을 아름답게 물들이며 사라지는 노을처럼
내 여든 다섯 석양인생도 저러했으면 한다.
당나라 시인 왕유王維는 막막한 심정을
한 번 가면 다시 못 올 서역 삼만 리를
서출양관무고인西出陽關無故人이라 읊었느니.

선운사 동백꽃

선운사 뒤 곁의 동백나무는
비구승의 경소리만 듣다
늘 붉던 귀꽃도 막혀 버리고
중놈들의 살 냄새만 그리워하다
지랄 맞게 늙어버리고
꽃이 또 피면 어이하리야
몇 백 년을 더 남은 세월을
하릴없이 반달 뜬 손톱만 뜯으며
징글맞게 죽지 않으면 어이 하리야.
귀천한 반가운 우리 님
마흔 다섯 살에 귀신이 보이던
미당 서정주가
간만에 반가운 발걸음 하시려나
먼 산의 딱따구리도
걱정하지 말라며
딱 딱 나무관세음 목탁을 두드린다.

설국

—고정애 시인에게

터널의 어둠을 벗어나자 다른 세상처럼
가와바다 야스나리의
흰눈이 내리고 있었다.
오늘이 4월 초순 끝머리
겨울눈처럼 휘날리는 벚꽃이다.
나는 꽃길을 절룩이며 그녀 집으로 간다.
4월에 지는 꽃은 눈과 같다.
아흔 살 여인과 여든넷의 사내는
삶의 끝자락이 저 눈꽃이었으면 한다.
지팡이를 짚고 사는 인생이라고
너무 아프거나 슬퍼하지를 말자
다독이고 쓰다듬던
나이팅게일 같은 눈이 내린다.
그 뒤의 후문은 꽃이 눈처럼 덮었다.

설벽雪壁

여자가 한을 품으면 오뉴월에도
서리가 내린다고 하지만
우리나라에서 제일 춥다는
압록강 변 중강진에 내리는 눈보라보다 더한
눈 폭풍 속에 파묻혀 눈삽으로도
제설차를 동원해도 길이 없었던 적이 있었다.
거기다 그녀의 자존심이 발동한
설벽雪壁까지 세워졌다.
그 벽은 아우슈비츠 수용소를 가보신 분들은
다들 기억하시겠지만 수만 켤레의 신발과
산더미처럼 자른 머리칼로도
용서하거나 무너지질 않을 벽이었다.
그러나 무너지지 않을 벽이 어디 있는가.
벽은 무너지기 마련이다.
절벽의 벽 같이 별 수단이 없는 벽도
때를 기다리면 되는 것이다.
그저 눈 처방에는 명약의 하나인
봄이 오기를 학수고대하듯이 목을 내밀고
따사로운 햇살을 맞을 준비를 하면 되는 것이다.

섬

난파선 조각에 의지하여 망망대해를 흐르는
어부의 눈에 하나님보다 더 반가운
어머니가 몸소 만든 부푼 찐빵 같은 섬이 보였다.
먹고 싶도록 궁기는 이는데
손에 닿기엔 까물까물 너무 아득하다.
제발, 제발 어부는 발이 닿기를 빌어 본다.

속내

캄캄 땅속 같은 내 마음 속내에
뭐가 들었을까 걷어내고 나니
투박하고 튼실한 감자 한 톨이 나옵니다.
나는 어디서나 강원도 감자바위입니다.
너무 어리숙하다고 낮잡아 보지 마세요.
나도 내 시도 감자한 톨이었으면 합니다.

수평선

누가 이 엄청나게
넓고 큰 바다표면이 기울지 않도록
동서남북 기막히게 맞도록
수평을 잡아 놓았을까.
맨 밑바닥의 높낮이부터
가지런히 물로 채워서일까.
그래도 그렇지 신기하다.
신이 있다는 것을
나는 이런데서 믿는다.
사람도 마찬가지다.
어지럽고 비틀거리지 않으려면
집채 같은 파도가 뒤집혀도
흔들리지 않는 수평을 가져야 산다.
그 수평이 내 몸속 어디일까
머리라면 그것도 신기하다.
만물에게는 다 균형을 재는
수평이 있는 것일까.
구르는 돌도 멈출 때면 수평을 잡는다.

술잔

살면서 덕담으로 제일 많이 내뱉은 말이
길흉사건 일상이건
언제 한 번 만나 술잔을 부딪치자이다.
술잔은 부딪치는 소리도 가볍고 경쾌해 좋다.
아내가 보다보다 못해 당신은 말끝마다
술잔이 아니면 부딪칠 게 그렇게도 없느냐고
한심한 영감쟁이라고 비웃는다.

쓰레기와 같이 살며

타고난 팔자라고 체념하지만
눈 뜨면서 쓰레기통을 곁에 끼고 산다.
수시로 뱉는 기침 가래며
한 움큼씩 먹고 버리는 약봉지와
휴지 및 각종 비닐 등속의
나로서는 어쩔 수 없는 쓰레기들…
버리다보면 속은 텅 비고
누구도 거들떠보지 않는
껍질 같은 나만 남아
쓰레기가 되어가는 기분이다.

시

꿈에도 시라는 것이 있는 줄도 모르고 전혀 염두에 두지 않고 살았었다. 어느 날 갑자기 내 몸보다 더 사랑했던 아내가 영영 하늘나라로 떠나자 그 슬픔과 괴로움을 감당할 수 없어 주야로 땅을 치며 통곡하였다. 그 터져 나오는 한탄과 눈물과 푸념의 넋두리가 나도 모르게 그대로 시가 되었다. 그래도 그것이 무엇인 줄 모르고 한 4년여를 이리 뒤척 저리 뒤척 밤잠을 설쳐가며 보냈다. 참 사람은 적응을 잘 해가는 동물인가 보다. 그렇지 않으면 어찌 살아갈 수 있겠는가. 아편덩어리 같이 중독되었던 슬픔이 슬그머니 빠져 나가고 아내를 잃은 설움을 잊을 만하게 되었다. 하지만 그 슬픔이 아주 사라진 것이 아니었다. 왠지 버려서는 안 될 몇 줄의 시 같은 것이 되어 가슴에 맺혀있었다. 아마 나도 모르게 때가 되면 벼가 익듯이 희노애락이 녹고 뭉그러져 시가 숙성하게 되었나 보다. 하지만, 하지만 시가 어찌 개인에게만 머물 일이리오. 하찮은 먼지나 지푸라기 같은 것들 미생물들에게까지 생명을 주어 같이 아파하고 꽃을 피우는 것이 지배紙背를 뚫는 폭넓은 시인의 마음이고 진정한 시가 아니겠는가.

시우詩友·1

시우라는 말을 참 많이도 써왔다.

이 친근한 단어가 처음 나에게 온 것은
시의 스승 미당 서정주가 펴낸 시집
『학이 울고 간 날들의 시』를 주며
자필로 내 이름자 앞에 달면서부터다.

살아오면서 내 마음을
송두리째 아낌없이 주고 싶은 친구,
꼴도 보기 싫은 친구 등 별별 벗들을
다 사귀었지만 스승에게서
시우라는 말을 받고 나는 놀랐다.

스승이 몸소 나를 시우라고 한 것은
시의 동반자라는 무언의 인정 같아서
세상을 다 가진 듯 감격했다.

지금 미당은 "진달래 꽃비 오는
서역 삼만리"로 가시고 아니 계시다.
왕유王維의 시구처럼
"서출양관무고인西出陽關無故人" 그가 그립다.

시우詩友·2

시의 울타리 안에서는
시우는 다 말 그대로 내 친구다
가을 하늘빛 마음을 가진
코스모스 같은 친구,
백일홍, 채송화처럼 꽃 같은 친구들
그리고 불의不義 앞에서는
세상을 파도처럼 뒤엎을 듯 하는 시반詩伴들
가진 것 없어도 떳떳한
그대들은 다 내 등대 같은 친구들이다.
서로가 서로를 격려하고
잡은 손 이끌어주는 친구다.

아내

아내를 따라 시장엘 간다.
아내는 뒤가 아름다운 여자다.
한 그루 초록나무와 같다.
가족들의 뒷바라지를
초록그늘처럼 조용히 드리우며
말없이 살아왔다.

아내의 사랑

이 중생들아
너희는 사랑이 무엇인 줄 아느냐.
이승에서의 사랑만으로 끝나는 줄 아느냐,
남들이 하는 사랑은
어떻게 시작되고 끝나는지 모른다.
나에게서는 내가 살아 있는 한
죽은 아내의 사랑은 잊히는 게 아니다.
무슨 업보처럼
내가 잠자는 순간만이 아니라
숨 쉬는 숨결까지도 스며들어 있다.
겁이 되고 삼세의 업이 되어
맥을 이어간다.
하늘을 보아도
하다 못해 땅에 솟아난 풀잎이나
티끌 같거나 황사의 미세먼지 속에서도
잊히지 않는 윤회다.
내 아내의 살과 뼈의 사랑이다.

아쉬움

나이 먹어 늙으니까
여자들이 내가 다루기 쉬워보였는지
만만한지 한두 명씩 자꾸 꿰어든다.
젊어서 힘이 팔팔할 때
이러했으면 얼마나 좋을까
아쉬워하다가도
그때는 잡아먹힐까 봐
곁에 얼씬도 안했을 거라 여기며
젊어서는 늙었을 때를 몰라서
늙어서는 젊음이 물 흐르듯 가서 아쉽다.
그러나 이러나저러나
사람 사는 거 다 메치나 엎어치나
아쉬움뿐이라며 혼자서 웃는다.

아주 작은

다시 태어나 산다면
눈으로 찾으면 겨우 띠는
생물로 살고 싶다.

미생물이 아닌 다음에야
이름이 없는 존재가 어디 있으랴,
이름을 가진 초파리보다
더 작은 것으로 태어나고 싶다.

먼지처럼 가벼워서
바람이 부는 줄도 모르게
날아다니며

작으니 무슨 죄를 저질러도
경중도 모르고
지나가고

코로나 같은 질병도
아무리 퍼뜨린다고 소문을 내도
사람들이 거짓말인 걸 다 아는

가능하면 이름도 없는
어디 가도 알아보지 못하는
존재로 살고 싶다.

아침

하루가 끝나고 잠자리에 들면
모든 걸 다 잊고 깊디깊은 숙면에 들었다.
그런 날 아침이면
신 새벽처럼 눈이 떠지고.
늘 맑은 공기로 들숨날숨 심호흡하며
신선한 아침을 맞으려 했다.
그 아침이 하루의 시작이니까.
시작은 어떤 시작이든
모두 다의 아침이었으면 한다.

악다구니

누구나 한 번 쯤은 직장에서 깨지고 밀려나더라도
폭포처럼 허옇게 거품을 물면서라도
악다구니로 속 시원히 세상 떠나가도록
소리치고 싶은 충동을 느꼈을 때가 있었으리라.
다 보고 배운 것이지만 물처럼 잠잠해지는 인생.

알 것 같다

4번이나 억울하게 좌천당하며
하루하루를 참고 견디었다.
얼마나 밤마다 이를 갈고
가슴을 뜯으며 피눈물을 흘렸으랴.
세상이 바뀌어 그 보상이나 받는 듯
꿈에도 생각지 않았던 장관이 되었다.
그 장관자리보다 자기를 몰아내려한
무리들에게 야반도주하는가라며
거침없이 뱉으니 그 기분이
내색은 안 해도 어떠할까 알만하다.
이런 것을 보고 화장실에 가서
혼자 웃는다고 한 것은 아닌지.
사람 사는 세상에
거짓말 같은 이런 맛도 있었구나.
나도 한번 그러다가 죽었으면
스스로 고개를 젓고 만다.

약

어릴 때 속이 체하면
늘 소화제라며
조막손에 한가득 준
크레오소오트.

그 알약에서 굴러다니는
아련한 향수 내음도 풍겼지만
어쨌든 싫다.

늙으면 약 먹는 거
좀 피하려나 하였더니
신장이다 암이다 뭐다 병만 늘어
큰 손이 넘치도록 더 한 움큼이다.

내 목숨이 명대로 살기보다
그 덕으로 산다하니 실감난다.
약 끊는 날이 무슨 날인 줄 나는 안다.

어머니

정말, 정말이지 절망처럼
남들이 어깨춤 추고 신나게 놀 때
어머니는 같이 어울리는 것을
한 번도 본 적이 없다.
왜 사는지 물어보고 싶지만
그럴 새도 없이
정말 고달픈 나날을 살다 가셨다.
만일 물어봤더라면 웃으시면서
곁에 아버지가 있어
그늘만 지어 주어도 좋았다고 하셨겠지.
그러고 보니 어머니께서
자주 웃으시는 것은 여러 번 보았다.
사는 게 춤보다는
웃음이라는 생각이 든다.

얼마큼 더 살아야

일생 시를 쓰면서
무엇을 잊는다는 망각은
죽으면 다 깨끗이
결판나는 것으로 믿어왔다.
그런데 나는 오늘 죽어서 잊기보다는
얼마큼 더 살아야
잊을 수 있을지 모르는
기약 없는 아픔을
유행가 가락에서 익힌다.

여든 중반의 장미꽃

팔십 중반 늙은이가 되어서
장미꽃을 보면 뭐하느냐고
한숨 쉬며 탓하는 사람이 있다.
맞긴 맞는 말이다.
꽃을 본다고 딱히 남길 말이 없다.
바보가 꽃 보고 웃듯이 그저 좋다.
일생 꽃 한 송이 볼 틈이 없이
살은 사람도 허다한데
세세연년을 절기마다 꽃이 피고 지는 것을
보아왔다는 것만 해도
얼마나 행복하냐.
거기다 나잇살이나 먹었다고
젊은 날의 추억도 곁들여지니
얼마나 소중하냐.
여든 다섯 살의 하루가 미천한 나에게
그저 장미꽃처럼 왔다며 산다.

여백餘白

태어나면서 모든 걸 가지겠다고
쥐었던 야심찬 주먹을
끝내는 스르르 힘이 풀려
손바닥을 펴고 맥을 놓는다.
일상이었던 숨을 모아
크게 한숨 푹 쉬고
아이고 곡소리 나면 끝이다.
내가 비우니
세상이 모두 텅 빈 여백이구나.
이 여백을 만들려고
일생 한 줄 시를 쓰며 살았구나.
이제야 겨우 죽든 살든
내 인생에서 시를 쓰면서
여백을 왜 그렇게 찾았는지 알겠다.
여백이란 사람이 죽으면서
말없이 조용히 젖어들은 듯 남겨진
자리 없는 자리이기 때문이다.
우리도 죽으면 빈손이 되더라도
그 빈손 속에 떠도는 그리움 같은
여백을 남기는 사람이 되자.

영감

팔십 줄을 넘겼는데도
누구 하나
영감이라 불러주는 이 없다.

애늙은이나 중늙은이로 살기 싫은데
모두가 젊게 살려는 세상이어서인지
늙은이를 영감이라 부르지 않는다.

영감. 단순히 나이만이 아니라
인간으로서 높은 자리.

몸이 아니더라도
영혼을 느끼며 사는 사람.
영감令監이 인스피레이션.

영어나 우리글이나
글자의 발음이 똑 같을까.

와불臥佛 잠

와불을 볼 때마다 눈 뜬 와불이 참인지
눈 감고 자는 체 하는 불에게
마음 속 사연을 비는 일이 옳은지 분간이 안 간다.
또 한 쪽 손바닥으로 세상소리를 안 듣겠다고
막은 모양새와 무슨 소리든 다 듣겠다고 열은
귀도 어디에 가 두 손 모아야 할지 망설여진다.
하지만 옆으로 누워 와불처럼 자는 것은 편하다.
한여름 동남아 어디에선가 본 와불처럼
옆으로 몸을 눕혀 낮잠을 자다 말다 하다
문득 와불과 내가 너무나 닮아 갑자기
팔자에도 없는 부처가 되려나 보다 놀라다
꿈속이기는 하지만 어림 반 푼 어치도 없는 소리.
모양새로 부처 된다면
안될 사람이 없겠다며 다시 잠 든다.

3부

외로움

사람은 누구나 다 외로움을 즐기며 산다.
혼자 있는 것은 진정한 외로움이 아니다.
누군가를 곁에 두고 싶은 외로움이기 때문이다.
무거움도 덜어내 가벼워지고
외로운 것도 외로운 건지 모르고 살 때가 많다.
혼자 사는 삶에서 죽는다는 것마저 외로울 때
저승의 창창한 세상을 또 혼자 살아야 하는
눈을 감는 순간이 바로 진정한 외로움이다.

용을 쓰다

너무 용쓰고 무엇이든지 이기겠다고
아득바득 살지 마라.
부력이 생겨 용솟음쳐 하늘나라로 먼저 간다.
용용 죽겠지 애가 달아 죽겠지.
용을 써봐야 소용없는
업신여김을 받아도 제까짓 게가 더 편하다.

우리

우리가 남이가라는 말도 있지만
남들 앞에서 말끝마다 우리, 우리 하지 마라
남이 들으면 한 울 안에서 몸 섞은 줄 알겠다.
친근하기로 우리나 남편이나 다를 게 뭔가.
우리하고 우리남편하고를 동의어로 쓰지 않나.

U 17 아시아 컵 결승전

오늘은 2023년 7월 2일 밤 9시
무심히 본 밤하늘에 축구공만한 달이 떴다.
참 희한하지 지금 먼 이국의
경기장에서 자웅을 겨루는 시합인데
어찌 알고 축구공만한 달이 이 땅까지 왔을까.
그러고 보니 한일전의 두 나라의 국기도
다 둥근 축구공을 닮았다.
추사가 하늘에 뜬 달을 보며
시공을 초월하여 문천상文天祥이 보던 달과
같은 달을 본다고 한 것이나
내가 이국에 뜬 달을 지금 보는 것이나
달빛 한 가닥 두고는 고금이 다 같은 경지인가.

유전

누구나의 가슴에 유전을 갖고 산다.
뭔가 느닷없이 그립지도 않은데
천리 밖 먼 길로 하염없이 헤매고 싶거나
갑자기 가슴속이 활활 타오르는
불길로 잠 못 이룰 때
이게 뭐지, 뭐지 하다가
아하 사랑이구나 스스로 깨닫는 유전이다.
이 유전 하나를 가지고
사람들은 죽으나 사나 자나 깨나
애면글면 하며 산다.
슬픈 일이던 좋은 일이던
유전이 마르지 않도록 살자.
고갈되면 그 가슴은
눈물도 없는 영원한 사막과도 같다.

이름 모르는 꽃

아내가 처가에 들러 가져온
이름 모를 꽃이
매년 크리스마스 무렵이면
참 신기하게도 꽃을 피운다.

아내 저승 사람으로 떠난 지
옛날, 옛날 참 먼 세상이다.
아내는 그곳에서 무슨 이름으로 살까.

기억에서조차 나와 같이 살았는지
살았으면 어떻게 사랑했는지
아물 까물댄다.

저 꽃 필 때면
아내 사랑하기를 저 꽃처럼 돌봤으면
땅을 치며 후회하지만
다 지나간 일.

그래도 꽃이라도 피어 있어
치매가 오기 전에

꽃 보며 아내 생각하니 좋다.

저 이름 모르는 꽃에
아내가 두고 간 내가 기억하는
아내의 생전의 이름을 달아주어야겠다.

이상 무

이상 무라는 말에
의미를 달자면 여럿이겠지만
전쟁이 대세였던 무렵에 군인들이
시중에서 널리 쓰던 용어다.
혼자 사는 내가 가끔 시장에 갈 때면
곁들여 곱살이로 미안한 부탁을 하는
여자 분이 있어서
어느 날 깎아 먹으면 무 맛 나는
콜라비랑 몇 가지를 부탁하고
전화로 '이상' 이라고 하니
군에 간 남편이 휴가 와서
마음 놓고 하는 잠꼬대에서 익혔나
즉각 자동응답기처럼
"이상 무"라고 답이 온다.
부창부수 습관이 참 무섭다.

일화逸話

수초水草는 산란기의 꽁치가 들러
해산하는 곳이고 양 손은 잡는 그물이었다.
물풀을 베어 엮어 꽁치가 잘 다니는
길목에 두면
사랑에 눈먼 산란기의 꽁치들이
알을 슬기 위하여 모여 들었다.
동네 어부 김 씨는 참 희한하게도 몰려든
꽁치를 맨손으로 잡아
전마선 뒷전에 남이 가져가기 편하게 두면
꽁치회에 환장한 동네 개구쟁이 아이였던
우리들은 김 씨가 뻔히 알면서도
꽁치 서리하라고 멀리 둔 것을 훔쳐서는
꽁치가 꽁지 빠지게 도망쳤다.
매년 아카시아 꽃피는 오월의 일이었다.

임종

죽을 때
봄날의 활짝 핀 꽃 앞에서
눈 못 감을 거 같다.
사람마다 꽃 핀 봄날에
종천하셔서 복 받은 죽음이라 하지만
나로서는 억울해서
못 죽을 거 같다.

잔디

잔디는 풀이더라도 풀이 아니다.
크게 자라도 뽑아 버리지를 않는다.
이발소에 들르듯 깎는다.
깎으면 마음도 따라 정결해진다.

북구 오슬로 광장에서였다.
바이킹의 후예들이 초록잔디 위에서
가슴살 등살을 햇볕에 굽고 있었다.
둥근 잔디밭은 마치 큰 석쇠 같았다.

그 위에 고깃점 같은 살을
이리저리 뒤집으며
햇빛비타민을 먹고 있었다.

나는 저들의 제살 태우듯 하는
햇빛 쐬기에서
먼먼 고국의 부모님 묘를 떠올렸다.

내 마음 그대로 가져다 떼로 입힌
햇살 속의 잔디가 파릇하게 효심처럼

자란 고향의 묘를 떠올렸다.

가신님 무덤가에 금잔디.*

*소월 시 「금잔디」에서 차용.

장미꽃

월드컵 경기의 우승컵 같은 장미꽃이 피었다.
우승을 향한 함성같이 활짝 웃는 장미꽃.
세상에서 내가 제일 어여쁘다고 뽐내는
시집갈 나이의 절정일 때에 여는 각시꽃.
나에게 그 어떤 부富나 재산으로서 가늠할 수 없는
심장 가까이서 두근두근 꽃망울이 자꾸 몽글어
장미꽃잎처럼 색이 두툼한 마누라를 만났다.

장수시대

내 나이가 여든넷이다.
우리 집 내력으로는 누구보다 오래 산다.
기록이다. 기록이면 뭐하냐.
살면서 째고 꿰매고 들어내고 온몸이 상처투성이다.
날씨만 좀 궂어도 온몸이 천근만근이고 쑤신다.
선친대의 늙은이들이 거짓말 좀 보태
한 발 앞서간 사람에게로 가고 싶다는
입버릇 같던 말이 실감 난다.
나도 마찬가지로 마누라 곁으로 가고 싶다.
하지만 이 말조차도 함부로 뱉을 수 없다.
다들 장수시대라고
아파도 멀쩡한 체 하며 살아가니까.
나만 엄살을 부리는 것 같아서 내색도 못한다.

절박한 사랑

부산 피란 시절에는 한 끼 끼니가
너무 다급해 사랑 따위는
거들떠 볼 새가 없어서
무슨 밥 빌어먹을 사랑이야
말은 그렇게 하면서도 사랑은 했다.
또 헐벗고 굶주리던
내 유년의 보릿고개가 있던 때는
사랑은 무슨 얼어죽을
사랑이야라고 자주 입에 달면서
알몸이 되어보기나 했나?
벌거벗고 실 끝 하나 안 걸치고도
얼어죽어도 좋을 사랑을 했다.
사랑은 어찌 보면 한가하거나
여유 있는 사람들의 하는 거로 보이지만
별별 말을 갖다 대도
안 들을 만큼 절박한 것이었다.
그러면서도 남이 보거나 말거나가 아닌
내 사랑은 올드하다.

절집

가족들 모두가
무병장수하고 탈나지 말라고
정화수 떠 놓고도 빌고
효험이 있다면
큰 바위 앞에서도 엎드려
두 손 모아 빌고 빌었던 어머니.
부처님 앞에서도 늘 지극정성이었다.
그래서 내 유년의 기억으로는
조막손 이끌고 찾던 사원도
절하러 다닌다고
말끝마다 절집이라 하셨다.

접이식 목제 바구니

스위스의 길가 벼룩시장에서
작고 아담한 접이식 목제 바구니가
눈에 띠어 사왔다.

철따라 햇과일에 단물이 들면
계절의 풍미가 온 집안을 감돌게
수북이 담아 식탁 위에 두었었다.

거실에 은은한 과일 향기가 퍼지면
마치 내 몸에서 나는 거 같아
가끔 이 바구니를 쓴 낯선 외국인은
누구였을까 상상하기도 했다.

더러는 과일 등속을 나처럼 놓았을
이국여인의 살 냄새가 거짓말처럼
내 코끝을 살짝 스치는 황홀함도 있었다.

그러나 세월을 이기는 장사가 없다고
이제 그 과일바구니가 약봉지로 채워져 있다.
별 수 없이 늙어가는 낙엽육신.
불량건물처럼 관절뼈에서 소리가 난다.

제일 슬픈 날

달력에 무슨 기념일이라고
많은 날들이 보란 듯이 있는데
한 20여년을 잘 가르치나 못 가르치나
제자라고 길러왔었다.

그 수많은 아이들 중에 한 명도
스승의 날이라고 연락 주는 놈이 없어
내 살은 인생이 아무것도 아닌 것이 보여
늙은이 푸념이었으면 좋겠는데
진짜여서 허탈하다.
매미는 속이 차야 껍질을 벗는데
나는 그냥 껍질만 벗었구나
내 얼굴을 어디 버릴 데가 있으면
미련 없이 훌훌 털고 싶을 정도로
너무 슬프다.

종쳤네요

유행가 가사처럼
돈도 명예도 사랑도 다 싫다고 중얼거렸더니
곧장 돌아오는 대구가 얄밉게도
그럼 인생 종쳤네요.

죄

내가 태어난 나라를 들먹이기는 싫지만 대한민국은
죄의 공화국이다.
있는 죄 없는 죄 억울한 죄
나도 모르는 죄 죄가 아닌 죄
심지어 방귀뀌는 죄까지 다 춤추는 나라다.
자고 일어나면 오늘은 무슨 죄를 만들어야
하루를 무사히 넘길 수 있을까
아니 국회의원 나리가 될 수 있을까
정치가가 될 수 있을까 궁리하는 나라다.
죄 짓고는 못 산다는 말
죄 지은 사람은 발 벋고 못 잔다는 말도
고리타분한 옛날이 되고 말았다.
나라가 감옥인데 철창이 뭐가 필요하랴.
쟝발쟝이 빵 한 조각 훔친 죄 때문에
일생을 마음 닦으며 살던 때가 그립다.
에라이 이 처 죽일 순진한 놈아,
그래서 그 모양 그 꼴로 살지만…
바보처럼 어리숙한 놈이 있는
그런 사람이 있는 세상을 살고 싶다.

죽어봐야 안다

사람이 죽은 후에 안들 무슨 소용이 있으랴.
가령 내 친구 박제천이는 문하의
시를 배우는 사람들에게 깨우치라는 의미로
말끝마다 '돌대가리'라 하였는데
나는 시를 얘기하러온 문하생에게 수업 중에
'돌대가리' 대신에 '제천아 제천아'라 불렀다.
하지만 돌대가리를 제천이라 부른 이 호칭도
내가 불러서 일어난 사실은 아니지만
진짜 제천이가 돌대가리가 된 일이 일어났다.
스스로를 밝고 영민한 머리로 여겼던 그가
눈뜬 바보처럼 남에게 당한 것이다.
그래서 사람들은 죽어봐야 안다고 했나 보다.
죽으면 본인은 모르지만 후인이 안다는 얘기다.

죽은 아내 곁으로

옛날에 쭈그렁 할머니들이
영감 살아서 큰 사랑을 받은 것처럼
자식들 눈치 보이고 이리저리 치이면
사는 게 싫어선지 한숨 쉬며
걸핏하면 입버릇으로 내뱉는 말이
이제 그만 살고 영감 곁으로 가고 싶다는
자조自嘲 섞인 푸념이 다반사였다.

나도 팔십 넘어 살다보니
오래 사는 것만이 능사能事가 아니더라.
평생 잘해 준 거 아무리 떠올려 보아도
기억나는 일 없어 좀 미안하지만
그래도 좋으나 싫으나 아내밖에 없어
비가 오나 눈이 오나 그저 의지하고 살았던
저승 간 아내 곁으로 가고 싶더라.

죽음•1

사는 동안 눈에 띄는 거
이것저것 많이도 모으고 살아왔다.
아내도 고인이 되고 나도 늙으니
세간살이에 쓸 데 없는 것이 많아졌다.
눈에 띄는 것부터
쓸 데 없는 것부터 버리기 시작한다.
이런 것 저런 것 버리다 보니
습관이 되어 버릴 거 없으면
뭔가 서운해지고 불안해진다.
그러다 추억할 만하다고
안 버렸던 것까지
사그리 추억이 사라져
소용없다고 버리고나니
시원섭섭하게 오도 가도 못하고 있는
달랑 남는 건 나 혼자뿐이다.
마침내 나도 버린다.
그것이 마지막 내가
내 스스로를 포기하는 죽음이다.

죽음·2

사람은 태어나면서부터 죽음과 같이 산다.
하지만 애써 죽음을 잊으며 살려 한다.
내 나이가 여든 다섯이다.
여든 되는 해부터 자연히 눈뜨면
오늘 하루는 무사히 넘길 수 있을까
택시 기사처럼 기도하며 살아왔다.
너무 민감한 거 아니냐고들 하지만
나로서는 자연이 오는 것이니까
어쩔 수 없다.
죽음도 삶에 못지않게
이것저것 요리 조리로 챙기고 배울 게 닳지만
사는 기간보다 살면서
죽음에 빼앗기는 시간이 너무 긴 거 같다.
그냥 내 생각으로는 죽음이더라도
굳이 배워서 뭐할 건가.
죽을 때 그냥 아프지 않고 죽었으면 싶다.
욕심 많은 늙은이라 해도 어쩔 수 없다.

죽음·3

죽마고우라는 이름으로 낸 시집에
나는 죽음이 죽마고우라는 시를 썼다.
내가 다 몰라서 하는 소리이지만
이런 시를 읊은 시인은
세계에서 내가 처음인 거 같다.

지금이야말로

틈만 있으면 같이 살자고
치근대선지 내 이웃에서 살던
전세집 독신녀가
아파트 값이 천정부지로 오르자
지금이야말로 떠나갈
절호의 찬스라 생각했는지
철새처럼 날아갔다.
거주지 불명으로 행불됐다.
하늘이 텅 비듯이 내 가슴도
텅 빈 것만이 아니라 텅텅 비었다.
드럼소리처럼
쿵 하늘이 떨어지는 소리를 냈다.
바람이 시원섭섭하게
무사통과 하도록…
수소문해 봐도 소용없다.

짐

나름 바리바리 싸서 게걸스레
포기하지 않고 버겁게 지고 왔는데
집에 와 풀어보면 욕본데 비해
고작 이것뿐이었나 서운할 때가 많다.
짐이란 늘 그러하듯이 인생도 마찬가지다.
빡세게 열심히 끙끙대며 살아왔으니
무엇 건질 게 있나 어느 날 되돌아보니
손에 걸리는 게 아무 것도 없어
참으려 해도 어쩔 수 없이
한 발짝도 걸을 수 없이 맥이 다 풀리고
온몸의 기운이 쑥 꺼진다.
불교를 믿은 법정 스님도
이런 경험을 해봐서 미리미리 미련 없이
욕심 부리지 말고 아낌없이
다 버리라 했나보다.
그런데 버린 거 어디 있나 강가에 가 보아도
쓰레기통을 뒤져도 없네.
서운하게도
모두들 마음으로만 버렸나보다.

집중

사람마다 타고난 천부적인 재주가 있다고들 한다.
어찌 사람만이겠는가. 만물이 그러하다.
고양이는 쥐를 낚아채는 놀라운 순발력을 가졌고
하늘을 나는 독수리는 날카로운 발톱과
하늘에서도 볼 수 있는 눈을 가졌다.
거기다 약육강식의 서열의 순위를 가진
온갖 능력과 지력 그리고 성격에 의해 정해진다.
특히 내가 유심히 살펴본 것은 새다.
새도 먹이 앞에서는 한 치의 허술함도 없다.
물속을 들여다보고 자기의 능력에 맞는 크기의
먹잇감을 고르고 끈질긴 기다림 끝에
모든 집중력을 모아 먹이를 잡는 모습이다.
거기다 새들은 자기들끼리의 불문율이 있어서
다른 새가 잡은 먹이는 거들떠보지도 않는 도덕성이다.
나는 내 삶을 위해 얼마나 집중해 왔으며
남의 것을 탐하거나 시기하지도 않았는지
새를 통해 지나온 세월을 더듬어본다.

천재

말 그대로 하늘에서 부여받은 재주가 천재라면
사람은 누구나 다 하늘에서 그 재주를 받았다.
그 나름의 다 독특한 능력으로 세상을 사는 거다.
선천적으로 다 천재인 세상에 천재가 어디 있는가.

초록 순간

지리산 피아골
파르티잔이 득시글대던 골짜기에서
초록이 너무 좋아
초록 같은 여자를 사랑한다고 고백했다.
사상만 있고 사랑이 없던 당신
정말 사랑은 기적인지
그녀가 순간에 빨강에서 초록으로 됐다.
좌니 우니 무슨 물 드는 거 질색인 그대
여자가 신발을 거꾸로 잘 신는다고 하지만
초록 일색인 지리산 때문인가
거짓말처럼 순간에
카멜레온이 되는 것을 겪은 적이 있다.

초승달

뱃속의 아기를 사산시킨
아내의 홀쭉한 낫날 같은 배다.

한 사내가 큰 입으로
잘 생긴 사과 한 알을 덥석 베어 먹은
자국이다.

초승달 아내는 밤이면
하룻밤 죄처럼 자고 간
그 불륜이 그리워 야위어갔다.

여자는 베어 먹히거나
베어 먹히고 싶어 스스로 준
상처로 살아간다.

저 달의 허물 같은 상처도
어느 때인가 원숙한 만월이 되리라.

초원에서

초원에서 별과 함께 잠자고
별과 함께 꿈꾸는 시간.
풀잎을 쓰다듬던 바람이
새벽이면 별들도
다 어디론가 데려간다.
그곳에도 낮과 밤이 있고
나와 같이
별들과 노래하던 사람들이 사시겠지.
별들과 눈 맞추며 살던
그 마음을 그대로
앉으나 서나 늘 그리운
여인에게 주며
별 뜨는 밤을 초원에서 사랑하겠지.
아 초원에서
초원 밖에 가질 수 없는
향기로운
초록 풀잎에 누워
세상의 별들을
다 가진 사랑을 한가지 씩 풀어놓겠지.

충전 방전

오늘 하루 여기저기 다니면서
있는 에너지 거덜내고 하루의 일과를 마쳤다.
빨리 집에 가서 아귀 딱 맞는 남편의 잭을 꽂고
땀내며 사는 재미 충전 방전해야겠다.

층간 소음

어린 자식이 있이
세를 얻어 사는 사람들에게는
남의 집을 얻어 가는 것도
복불복이다.
부잡한 아이가 있어 신경이 쓰여
집을 고르고 골랐는데
가는 날이 장날이라고 잘못 잡아
층간 소음 때문에
대판 싸움으로 날이 새다
끝내는 못 견뎌
집을 비우는 예도 허다반하고
다른 집은 아이가 유난히
부산하기로 동네방네 소문나
층간소음을 걱정하니
밑에 층 집은
호랑이가 와서 물어 간다고
소리쳐도 모르는
귀머거리 할머니가
혼자 사는 집이라고 씩 웃는다.

치매·1

지독하게 일흔 무렵부터 매일 저녁이면
돌봄 복지사와 마주 앉아 고스톱을 쳤다.
판수는 불문율처럼 딱 열두 판이다.
이유인즉 어디서 듣고 왔는지
치매예방에 특효가 있단다.
민화투는 재미없고 화투는 화투니까
판마다 돈이 오갔다.
처음에는 승률이 내가 압도적이었다.
내가 따면 딴 만큼 그녀에게 다주고
어쩌다 그녀가 따면 딴 액수에 천원만 가져갔다.
그러다 반반이었다가 어느 순간부터
여든을 넘기면서 내가 늙어서인지 질 때가 많다.
그러니까 이제는 따면 딴 돈을 그녀에게 다 안 준다.
잃은 만큼 챙기고 준다.
아니 따면 나도 딴 돈에서 천원을 뗀다.
그만큼 치열해졌다.
아직 치매가 안 온 것이
그 화투짝 때문인지 모르지만
어쨌든 치매가 오기 직전까지는 싫어도
고스톱을 칠 수밖에 별도리가 없다.

치매·2

여든 중반의 하루가 미천한 나에게
그저 장미꽃처럼 왔다며 산다라고 시를 써놓고
귀신 씨 나락 까먹는 소린지
돌아서서 무슨 얘기를 했는지도 모르는 팔십 중반.

텃세

무인도에 들어와 개 한 마리를 벗 삼아 살던 홀아비가 서로가 외로워 다른 개 한 마리를 밖에서 데려왔다. (외롭지 않으려면 자기 것부터 챙겨야지 개 생각을 먼저 하다니.) 원래 섬에 살던 개는 세상에 자기와 주인밖에 없는 줄 알았는데 자기와 닮은 개가 있다는데 놀랐다. 개지만 밥그릇을 안 따질 수는 없었다. 나름대로 주인에게 사랑받기부터 밥그릇 차지까지 해야 될 일이 한두 가지가 아니었다. 그들끼리도 먹고 길들여져 온 환경이 달랐기 때문이다. 하지만 육지의 개는 섬개라고 시골 똥개로 여기지 않고 눈치가 9단이어서 터줏대감 같은 섬개에게 잘 숙이며 적응했다. 그래야만 일신이 편함을 알아서이다. 개들 노는 짓거리를 봐라. 사람과 다를 바 없다. 텃세다. 내가 60년대에 군에 입영했을 때 밥그릇을 따지던 고참병들의 분위기가 개에게도 엄연했다.

파도

고항바다에 사랑하는 아내를 묻었다.
오늘은 그 바다가 나를 보고 좋아서
춤추듯이 넘실대다가
갑자기 무슨 바람이 불어서인지
다른 여자들과 왔다고 성난 이빨을 드러내고
잡아먹을 듯이 성이 나서 세간살이를
와장창 다 부술 듯 악을 쓰며 까무러친다.
여자들의 투기심은 죽어서도 마찬가지다.

파도가 뒤집힌다

파도가 큰 소리로 한 번 뒤집힌다.
부흥회의 설교하는 목사와 비슷하다.
나처럼 다 같이 미치자며
흰 이를 드러내고 거품을 물고
목이 쉬도록 악을 쓴다.
교리를 듣는 신자들의 아이구하는 신음소리와
아멘 하는 탄성도 연신 터진다.
파도가 잇따라 속을 뒤집으며 들이쳤다 쓸려간다.
법회의 스님이 홀연히 일어나
무릎을 세우고 부처님을 찾으며
실성한 듯이 얼이 다 나가 염불하자
불자들도 지옥불 끄겠다고
나무관세음 옴마니 파드메 훔을 터뜨린다.
철퍼덕 싸아 오줌도 홍건히 내깔긴다.
저 오줌줄기로 서라벌이 잠기는 꿈을 산 문희가
무열왕 김춘추의 부인이 되었다던가.
파도가 마치 차사사뇌가嗟辭詞腦歌 같구나.
집채 같은 파도가 문 앞에 이르렀구나.

편하다

화장실에 가서 변을 보려고 앉으니
편하다는 느낌이 왔다.
이어 마음이 '그렇게 편할 수 없었다.'
그렇게 편한 것은 단순히
마음만이 아닌 거 같은데 그게 뭘까.
'그렇게'는 무엇을 의미하는 것일까.
변을 보며 이 생각 저 궁리하며
짐짓 찾지 못한 체하다 떠오르는 것은
죽음만큼 편하다이었다.
나이가 나이인지라 죽음이 점점 가까이 와
죽음이 편한 것을 실감케 되었다.
옛 노인네들이 퍼뜩하면 죽고 싶다거나
죽은 영감 곁에 가고 싶다 했는데
그것이 그냥 하는 헛소리가 아님을
내가 몸소 겪어보니 알게 되었다.

폭포

대지의 여신이
산악의 양 가랑이를 벌리고
밤이나 낮이나 주야장천 내뿜는
오줌 줄기다.

어떤 화가가 그린 작품에서
한 여인이 벌거벗은 늘씬한 몸매로
어깨에 물이 담긴 큰 항아리를 메고 와

사랑하는 남자를 목욕시키려
폭포처럼 물줄기를
내리 붓는 것을 본 적이 있다.

비류직하유인욕飛流直下有人浴
이태백 시의 말미에 과장이 심한
삼천척三千尺을 떼 내고
두어 글자를 더 보탠다.

자연이 하는 일이나
우리가 사랑의 본능으로 저지르는
흉내짓거리나 같다.

풀잎
—김수영 調로

내가 눕는다.
마누라보다 먼저 눕고
마누라보다
일찍 싸고 빨리 일어난다.
좀 늦게 주섬주섬
챙길 거 다 거두고
먹은 거 체하지 않게
천천히 삼키고
안 먹은 듯 입가도
한 번 쓰윽 닦고
큰 상 물리듯 하면 안 되나
내 몸이 여린 풀잎이다.
아내에게도 벌써, 벌서
벌을 서는
하찮은 풀잎사내가 되면 어쩌나
지나는 바람 소리도
아내 목소리처럼 우렁우렁해
가슴 물결이 움칫 떨었다.

피난길

온가족이 목숨을 부지하려고
어디인지도 모를 피난길을
무작정 떠났다.
일엽편주에 매달린 운명이다.
생과 사의 길 위 서 있는데
갈림길이 나타날 때마다
최선의 길은 어디일까
이 길일까 저 길일까 망설여졌다.
길이 없는 망망대해와 같았다.
그래도 가야 한다.
가보지도 않고 주춤거릴 필요 없다.
선택한 길에 온 가족이
나를 믿고 따라오고
살아 있으면 다 박수칠 일이다.
사는 것 이상
더 좋은 길이 없으니까.

핑계 무덤

퍼뜩하면 사람들은
핑계 없는 무덤 없다는 말의
핑계를 자주 입에 달고 산다.
연일 계속되는 무더위에는
거실에 댓잎자리 깔고 핑계로
아 시원하다며 마누라 깔고 눕고
강추위가 몰아치면
몸에 한기 든 시늉을 내며
삼단 이부자리에 기어들어
끝내는 마누라 품속에 파고든다.
나는 남보다 많이 모자라고
못난 사람이어서 걸핏하면
뭐든지 이래저래 핑계로 요리하며
핑계 없는 무덤이 없듯이
이제껏 요리 조리로 살아 왔다.
핑계가 무덤이기만 할까요.

해브 노

무엇이든 속단하여
지레짐작으로 잘못 짚는 일이
허다반 한 것이 인생사다.
모두들 잠든 한밤중
듣거나 말거나 뻐꾸기가 운다.
아니다 수컷이 부르면
암컷이 듣고 어떡하든 온다나, 어쩐다나.
울 바에는 세상을 향해
막무가내로 스스로도
왜 우는지 모르도록 울어야 한다.
모든 사랑이 다 우는데 그러하다.
하지만 내 마음 귀에는 이렇게 들린다.
먹통인지 열린 귀인지 개의치 않고
해브 노, 해브 노로 부처처럼 울거나
아니다. 법정스님처럼
버려라, 놓아라 하며
내가 알아듣도록 우리말로 운다.
내 마음이 부처 따라
빈손으로 탁 탁 털어 보이며
가볍게 가고 싶어서인가.

화장실에서

화장실 변기에 앉으면 혹시
아래층으로 누수가 되지 않을까
습관처럼 살피게 된다.
사람으로 급하다, 급하다 해도
엔간한 것은 늦추거나 참을 만하지만
설사만큼은 일촉즉발이다.
속사포여서 잽싸게 변기에 앉았는데
마침 가는 날이 장날이라고
아래층 주인이 보란 듯이
화장실 하늘천장에서 물이 샌다고
우산을 쓰고 나타나셨다.
이럴 때 그대들 고견은 무엇인지요.
어떡하지 어떡하면 좋을까 망설이다가
고민 끝에 에라 모르겠다.
우선 급한 거부터 배설하고 보자.
힘주어 깔긴다. 시원하다.

횡재수橫材數

늙은이가 되어 치매를 예방한다고
매일 고스톱은 친다.
상대편이 하늘이 무너지는 소리를 내며
두 무더기씩이나 돈 무더기 설사를 한다.
평생 살다보니 어쩌다 나에게도 이런 일이
팔자를 고칠 횡재가 와
그 패를 내가 쥐고 있음에도
이상하게 기쁘지가 않다.
그토록 바라던 금욕도 사라졌으니
퍼뜩하면 거짓말처럼 예상사로 내뱉던
정말이라는 말이
정말이 되었으니 세상 다 살았다.

효자손

늙은이에게 땡전 한 푼 생길 일도
누가 점심 한 끼 같이 하자는 전갈도
눈 닦고 찾아봐야 전무 캄캄.
이리 살아봐야 뭐하나
잠 안 와 한숨으로 뒤척이는 새벽에
오죽 사는 게 가려우면
만만한 게 등짝이라고
매사 가슴 후벼 파던
죽은 마누라 손톱이라도 있었으면
꿩 대신 닭이라고
안동 답답하여
효자손으로 무심으로 긁는 등
죽은 아내 살아 온 듯
이것 하나만은 참으로 시원하여라.

힘

젊었을 때는 힘자랑하느라고
뭐하는지도 모르며
있는 힘을 다 써버리며 살았는지
매사에 기운이 없다.
일생한 일이라고
시 쓰는 일밖에 없었는데
물에 빠진 생쥐 꼴이 되고 말았다.
기운이 없다는 것은 무엇을 말하는가
돌아가신 부친도 가쁜 숨을 몰아쉬다
그렇게 맥을 놓으셨으니
죽음이 임박했다는 낌새다.
드디어 황천黃泉 갈 날 며칠 안 남았다.
살아서 있는 힘 다 쓰더라도
죽을 힘은 좀 남겨놓고 쓰자.

여적

노시인으로서의 몸가짐

젊었을 때는 전혀 느끼지 못하고 살았는데 어른이 되니까 어려운 일들도 참 많아서 매사에 삼가야 됨을 절실히 깨닫는다, 근자의 일부터 얘기해보자. 시단에서 평생 서로의 시를 이해하고 격려하던 외우畏友 박제천이 다른 세상 사람이 되었다. 평소에 그는《문학과 창작》이라는 계간지를 펴내는 한편 "시창작교실"을 개설하여 많은 시인들을 시단에 배출한 업적이 있는 것으로 정평이 나 있는 시인이다. 그와 가까운 관계로 자연히 나도《문학과 창작》의 출발부터 초대 주간으로 이름이 걸려 있어 신인 심사 및 숲속의 시인학교 등에 관여하였던 기억이 있다. 하지만 나는《문학과 창작》 출신 시인들을 시인으로서 배출은 하였지만 내가 만들어 시단에 내보낸 제자라고 한 번도 입에 담은 적도 없고 누구누구는 내가 키운 제자라고 자랑한 적도 없다. (매사에 미지근한 나를 보고 제천은 자기가 내보낸 제자는 다 내 사람이나 같다고 말한 적도 있다.) 그건 각자가 시인으로서 시를 잘 쓰면 된다고 여겼기 때문이다. 그런 시인 중에 한 사람이 작고한 문인수다. 문인수는 내가《문학과 창작》에 관여하기 훨씬 이전 월간 시전문지《심상》 신인 심사로 배출했던 시인이다. 하지만 나는 내 이름을 걸고 나간 시인이라는 사실을 까맣게 잊고 살았다. 나가 뽑은 시인임에도 관심 밖이었으니 어디 가서 제자라고 내세운 적이 있겠는가. 없다. 작품이 좋아 시인이 되면 되었지 그 연줄로 한 시인의 행로를 얽어맬 필요가 없고 그 뒤의 일은 전적으로 본인들의 것이기 때문이다. 어느 문학 모임에서였다. 문인수도 와 있었다. 그가 여러 사람을 헤치고 내 곁으로 대뜸 오더니 "선생님 저는 전혀 몰랐는데 제가 시인이 되었을 때 선생님이 심사를 하였다는 데요" 라고 말을 건네었다. 본인도 모르는 것을 내가 어떻게 안다는 말인가. 또 알면 어쩌겠다는 건가. 내 짐작으로는《심상》지를 통해 같이 등단한 시인 장순금에게 듣고 꺼낸 말이 아닌가 생각 되지만(가끔 대구에 가면 만나 담소를 나눈 사이로 알고 있음) 서로가 그런 일을 모르고 지내는 것이 편하다는 생각에는 변함이 없다. 그러나 이것은 내 단점이기도 하다. 나는 사람들의 이름을 잘 기억하지 못한다. 서로 대화를 할 때 만에 하나라도 실수할까봐 이름을 거론하지 않고 말하는 경우가 흔하다. 아마 이런 것은 한 20여년 대학에서 밥을 빌며 생긴 습관이 젖어서인가 싶다. 나는 대학에서 강의를 하고 교실 문밖을 나오는 순간 모든 내용을 다 잊고자 노력하며 살았다. 그런 생각을 가지게 된 것은 강의에 충실하다보면 너무 거기에 매달려 시를 못 쓰게 되는 것이 무엇보다 두려워서였다. 오직 시인으로 살고 싶어서였다.

글이 좀 다른 방향으로 흘렀다. 시인 박제천의 장례식이 3일장으로 서울대병원에서 치러졌다. 평소에 흉허물 없이 여러 얘기를 나눴을 뿐 그와 나 사이에 가족사적인 일까지 관여할 처지는 분명 아니었다. 그럼에도 박제천에게 직접 얘기하지 못할 일을 문창 식구들이 나를 통하여 전하고자 하는 일들이 종종 있었다. 나 자신도 청에 못 이겨 제천에게 이야기한 적이 있다. 그러면 그의 얘기는 아주 간단하였다. 개인의 비지니스 라는 답이었다. 비지니스니 관여하지 말라는 답이었다. 그 후로 제천에 관해서는 이런저런 얘기가 나돌아도 일체 듣고도 모른 체하며 지냈다. 그것이 그와 나 사이를 유지하는 것이라 생각했기 때문이다. 그런데 내가 뭐라고 제천이의 장례식장에서 감 놔라 대추 놔라 한다는 말인가. 그냥 누구누구는 장례식장에 와서 무슨 일이든 자신의 일처럼 하며 정말 애쓰고 있구나 속으로 고마워 할 뿐이었다. 조문객 중에《문학과 창작》을 통해 나온 시인들을 중심으로 많은 사람들이 오고갔다. 그중에 당연히 보여야 할 손옥자 시인이 안 보였다. 그녀가 장례식장에 얼굴을 왜 안 보이는 까닭도 장례를 주관하는 시인 한 분이 알려주어서 알은 정도였다. 그녀는 자택에서 박제천의 추모사를 쓰기에 여념이 없다고 했다. 나 자신도 그리 알고 있을 뿐이었다. 그리고 3일장 장례의 이틀째 되는 날 그녀의 모습이 보였다. 그녀는 나를 보자 반가운 인사보다 대뜸 나에게 싸울 듯이 말을 걸었다. "선생님이 제가 쓰는 추도사를 다른 사람으로 바꾸라고 했다면서요. 어쩜 그럴 수가 있어요." 이 무슨 청천벽력 같은 얘기인가. 내가 무슨 자격으로 누구를 바꾸라고 한다는 말인가. 정말 황당한 이야기가 아닐 수 없다. 이 오해는 해소해야지 그냥 넘어갈 수 없다. "아니 누가 손 시인의 추모사를 내가 바꾸라고 말했다고 했어요." 따져 물었다. 그러자 진행을 총괄하는 누구누구가 그랬다는 것이었다. 그를 불러서 사실여부를 캤다. 저간의 사정은 내가 안한 것으로 밝혀져 오해는 풀렸다. 바뀌게 된 까닭은 문상을 온 일군의 고인의 대학출신의 문인들이 자기 대학 출신 시인 중 한 사람이 추모사를 읽어야 된다고 강력히 주장해서였다. 그 과정에서 손옥자 시인이 쓰던 추모사를 중단시키게 되고 그 지시를 내가 한 것으로 둘러댔다는 얘기였다. 살아오면서 장례식장에서 감 놔라 대추 놔라 서로 다투는 일은 많이 보아 왔지만 그런 일이 나에게 닥칠 줄은 상상도 못했었다. 아무튼 오해가 풀려서 정말 다행이었다. 그 일이 있은 후 크고 작은 일들이 여럿 있었다. 《문학과 창작》 계간지를 지속할 것이냐 라는 문제로 유족들이 찾아오기도 하고 매년 시행에 오던 해변(숲속)의 시인학교 개최 문제, 시창작교실의 금요시 회원들의 거취 문제, 그리고 연말이면 주어지던 시상식 등 많이 있지만 문창 회원들 중심으로 잘 풀어가리라 믿는다. 특히 장례식 후 여러 가지로 고생한 시인들의 위로문제에서부터 나름대로의 모임들이 서서히 움트고 있다. 나도 금요반 시창작 회원들의 요구로 몸 건강상의 문제가 있기는 하나 한 달에 1회씩 그들과 시에 대한 대화를 하는 시간을 갖기로 하였다. 하지만 나는 솔직히 당분간은 문창과 관련된 시인들 모임에는 가능하면 참석치 않으려고 한다. 시인들의 모임이 생각보다 소곤소곤 쑥덕쑥덕 참 말이 은근히 많기 때문이다. 별존재도 아닌 내 입을 쳐다보는 시인들도 있을 것이고 혹시 내가 말을 잘못 꺼냈다가는 그 말이 어떻게 될지 염려가 되어 스스로 삼갈 수밖에 없어서다. 하지만 10월 중순경의 세종시에 거주하는 유수화 시인의 초대에는 응하려 한다. 시인 박제천이 생존해 있을 때 같이 여러 곳을 다니며 즐겁게 논 적이 있어서다. 유수화 시인도 제천이가 옛 멤버끼리 제천이 집에서 하룻밤을 담소하며 즐기자는 것을 못 지킨 것을 못내 아쉬워하는 것을 보았기 때문에 추억을 만들기 위해서라도 같이 하려 한다.

그러고 보니 일생 앞장서서 무리지어 무엇을 도모해 한 적이 없다. 대학생이었을 때 성대신문 편집부장이자 선배였던 시인 주문돈에 의해 처음 성균관대학생 중심으로 "지하시" 동인을 하여 그 동인들하고는 지금까지 정기적으로 만나고 있지만 나머지 모임이나 동인은 내가 나서서 한 일이 없다. 60년대 시청 옆 성공회에서 자주 가졌던 참여문학의 비밀모임도 몇 번 가담하다 정치모임의 성격이 짙어 문학은 떼거리 문학이 아니라는 신념 아래 슬그머니 발을 빼었고 그 밖에 크고 작은 각종 모임이 있었으나 한 번도 스스로 나선 적이 없다. 일컬어 박제천이가 만든 〈시법〉 동인도 김광협이 주동이 된 〈시문장〉도 이탄이가 장난스런 이름을 지어 시작한 〈손과 손가락〉도 다 친분관계에 의해 동인으로 참가한 것이지 다른 의도는 없었다. 돌아보니 이들 시인들은 다 고인이 되었구나. 無常한 세월이다. 문학의 테두리 안에 지금도 수많은 모임들이 부침하지만 그것은 다 자기의 약한 일면을 보충 받고자 하는 수단이 아닌가 라는 생각은 지금도 변함없다. 하지만 문학은 철저히 지독하게 자기와의 싸움에서 얻어지는 결과다. 혼자서 하는 것이다. 하지만 이것은 내 고집이요 내 신념일 뿐이다. 나는 이런 일로 다른 시인에게 강요할 생각은 추호도 없다. 박제천이가 주관하던 금요시 모임 회원들이 나에게 와서 시를 배우기를 청했으나 몸이 좋지 않다는 이유로 몇 번 거절했으나 어쩔 수 없이 매주가 아닌 한 달에 한 번씩 시에 대해 이야기하고 있으나 가르치는 입장이 아니라 다 같은 시인들이니까 서로 의견을 나누는 시간이 되자는 약속을 하고 시행하고 있다. 그것도 전원이 아니라 처음 온 시인만 받아 얘기를 나누고 있다. 너무 거창한 것은 불편하기 때문이다. 하지만 이 모임도 가능하면 1년 동안만 지속하고 끝내려고 한다.

지난날을 돌이켜보면 참으로 '무심'히 살았다. 잠결 같다. 그래서 시집 제목도 '무심'이라 정했다. 좋은 말 좋은 제목도 많을 텐데 할 분도 있겠지만 내 첫 시집인 『사행시초』 속 사행시 한 편에 쓴 시어를 마지막 시집이 될지도 모르는 데에 가져다 쓰기로 하였다. 이 시집은 강우식 사자성어 시집 『주마간산』 다음에 펴낸 책이다. 그리고 분단시 연작시집 『국경을 넘어서』를 세상에 선보이려고 한다. 분단국가에 살아온 시인으로 늘 마음의 부담이었던 우리의 탈북민들에 대한 시를 구상하고 있는 중이다. 죽기 전에 해야 할 일들이 사람을 이렇게 조급하게 만든다. 그러면 어떠랴. 미리 준비해 놓는 것도 좋지 않으랴. 나는 예전에 우리 부모들이 죽으면 묻힐 묘 자리와 입고 갈 상복의 삼베를 미리 준비해 여유를 가지고 사는 심정을 지금 이해하고 있다. 늙어 되도록 나쁜 소리 귀에 안 담고 가려는 내 마음도 이와 같다. 무심한 인생살이 이만하면 잘 살다 간다. 시집에서 짧은시를 손바닥 시라 만들어 쓴 것도 내가 최초요 서문인 지은이로부터 1, 2를 시집 앞머리와 끝나는 전후 상관없이 다는 것도 내가 처음 하는 행위다. 나는 이런 것이 즐겁다. 정년 후 매년 한 권씩 낸 시집의 표지도 미숙하나마 내가 직접 구성하여 만들었다. 또 나만의 새롭게 할 일이 있었으면 한다.

지은이로부터 · 1

0의 경지

또 시집을 낸다.
가지고자 하는 시집이 아니라
버리고자 하는 시집이다.

내 스스로는 마음에 남아있는
시들을 모아 세상에
아무런 미련도 없이 버리는 시집이다.

0의 경지가 되고 싶다.
무엇을 갖고자 꿈꾸는 0이 아니라
가진 것도 비운 0이 되어
공기처럼 휘발하고 싶다.

한 가닥 눈물을 떨군다.

2025년3월 詩歷 59년을 가슴에 새기며
강老平 우식 老翁 識

지은이로부터 · 2

죽음의 그림자 0

0의 경지가 못되어도
결국은 0 안에
죽음의 검은 그림자가
슬금슬금 찾아들어와
0을 만들고
새로 자리를 깔 것이다.
상관없다. 이리되나 저리되나
무슨 상관이랴.
0이 되고자 하는 것도
죽음을 맞기 위한
마음자리일 뿐이다.
그 세계에 가면
무슨 시를 써야 할지
내가 궁금해진다.
詩 나이로 59수다.
아홉수를 잘 넘겨야 할 텐데….

2025년 삶의 미련을 못 떨치고 살고 있는
강水泙 우식 詩翁 散人